U0922141

受2013年度教育部人文社会科学研究项目资助

多维视角下新疆益贫式增长研究

Duowei Shijiaoxia Xinjiang Yipinshi Zengzhang Yanjiu

张庆红 

西南财经大学出版社
Southwestern University of Finance & Economics Press
中国 · 成都

图书在版编目(CIP)数据

多维视角下新疆益贫式增长研究/张庆红著.—成都:西南财经大学出版社,2017.3
ISBN 978-7-5504-2729-7

Ⅰ.①多… Ⅱ.①张… Ⅲ.①区域经济发展—研究—新疆 Ⅳ.①F127.45

中国版本图书馆 CIP 数据核字(2016)第 280774 号

多维视角下新疆益贫式增长研究
张庆红 著

责任编辑:何春梅
助理编辑:廖 韧
封面设计:杨红鹰 张姗姗
责任印制:封俊川

出版发行	西南财经大学出版社(四川省成都市光华村街 55 号)
网　　址	http://www.bookcj.com
电子邮件	bookcj@foxmail.com
邮政编码	610074
电　　话	028-87353785 87352368
照　　排	四川胜翔数码印务设计有限公司
印　　刷	四川五洲彩印有限责任公司
成品尺寸	165mm×230mm
印　　张	10.75
字　　数	160 千字
版　　次	2017 年 3 月第 1 版
印　　次	2017 年 3 月第 1 次印刷
书　　号	ISBN 978-7-5504-2729-7
定　　价	48.00 元

序 言

1997 年英国国际发展白皮书中首次出现“益贫式增长”这一术语，随后它相继出现在 1999 年亚洲开发银行报告和 2000 年世界银行的世界发展报告中。“益贫式增长”实际上是指，高速的经济增长和对穷人有利的收入分配相结合能够最大化促进绝对贫困的下降。在关于益贫式增长的讨论中，人们普遍强调益贫式增长是“扩大穷人的机会和提高穷人的能力，以便穷人能够更多地参与到经济活动中，并从中获得更多的好处”。而实现益贫式增长则需要采取刺激经济增长的政策以及确保穷人能够在经济增长中得到机会的政策，这一点在众多相关分析中不断被强调。总体来说，益贫式增长理论认为，即使是总体经济增长和减贫情况良好的国家，也会有相当比例的穷人在经济增长过程中被边缘化而无法逃脱贫困。经济增长对减贫是必要的，但合适的经济增长模式同样重要。我们需要发现哪一种经济增长模式对穷人更有利，对减贫更有利，从而制定相应的政策以实现这种增长模式。

一些国内学者尝试结合中国国情进一步理解益贫式增长的价值及其重要性，认为益贫式增长强调了公平的经济增长模式，体现了基于提高人的能力、消除社会排斥为主要手段的反贫困理念，可以有效地防止我国经济陷入有增长无发展的“陷阱”。此类研究为新形势下中国经济增长模式的转变提供了有价值的参考。十八大以后，改变经济增长方式，优化收入分配格局已经成为全社会的共识。在这个背景下研究探索中国益贫式增长的理论和经验，关注有利于穷人的经济增长模式显得尤为重要。而结合中国发展阶段和减贫时段进一步理解益贫式增长的内涵，并构建出符合中国国情的益贫式增长理论框架，将成为今后国内经济学家进一步研究的方向。

益贫式增长是发展经济学的一个新领域，其实质是对穷人有利的经济增长。当前国际上对益贫式增长的研究主要集中在收入维度，认为只有将经济增长和对穷人有利的收入分配相结合才能实现贫困下降最大化。随着人们对贫困概念的理解的不断深入，目前学界普遍认为贫困是一个多维现象，包括收入、教育、健康、营养、服务等多个维度。既然贫困是多维度的，那么益贫式增长也应从多维角度来理解。

长期以来，经济增长为新疆的收入贫困的减少做出了巨大贡献。但是20世纪90年代以后，新疆减贫进程明显放缓，经济增长带来的减贫效果没有以前明显。从贫困的多维特征来考虑可以知道，贫困群众在医疗卫生、教育和安全饮用水等方面的贫困和不平等情况更加严重。曾经取得的减贫成果和目前不平等的现实情况形成了鲜明对比，这引发了对新疆经济增长是否有益于贫困人口的质疑。那么，现阶段新疆的经济增长模式是否对多维贫困人口有利？在多大程度上对多维贫困人口有利？经济增长本身对减少多维贫困是否是最重要的？哪种增长能够使贫困人口的福利最大化？上述问题的回答对解决新时期新疆贫困问题具有重大的理论意义和现实意义。

本书是在笔者主持的教育部人文社科基金项目结项成果“新疆多维益贫式增长判断及路径选择”（项目批准号：13XJJC790001）的基础上形成的。本书全面深入地分析了新疆经济增长、多维贫困和不平等的现状以及它们之间的内在联系，利用GIC曲线从收入、健康、教育维度测度了2002年至2014年新疆经济增长的益贫性，并参考亚洲国家益贫式增长的经验，在此基础上提出了实现新疆多维益贫式增长的路径。分析结果表明，物价上涨尤其是食品类消费品价格的快速上涨，对城乡尤其是农村收入贫困人口的负面影响远高于非贫困人口；在新疆农村不同收入群体之间，国民收入在初次分配和再分配过程中不断向高收入群体倾斜，不利于中低收入群体增加收入；农村收入增长不具有益贫性，但是教育和健康增长具有较强的益贫性；城镇收入增长具有较强的益贫性，但健康增长的益贫性较弱，教育则不具有益贫性；新疆城乡经济增长的减贫效果和反映不平等程度的基尼系数存在高度相关性，这表明经济增长并非一定有利于多维贫困的减少；贫困人口的收入增长并不一定带来其非收入福利方面的改善；新疆经济增长必须以更加益贫为目标，通过提高经济增长的质量和降低收入分配、获得医疗和教育的机会等方面的不平等程度，确保贫困人口的人均收入和福利等得到改善；新疆未来实施益贫式增长发展战略，必须考虑效率和公平之间的关系问题。新阶段新疆益贫式增长路径应是经济增长-基本公共服务均等化-多维贫困治理三位一体，通过提高贫困人口的劳动参与率、提高基本公共服务均等化水平、拓宽贫困治理思路、完善社会最低保障制度等多元化路径来实现。这些建议是基于课题组成员近年来对相关领域的研究和审慎思考而提出来的，富有启发性和借鉴价值。

尽管课题组取得的成果是丰硕的，但是我们也意识到，由于数据的局限和研究视角的关系，还有许多与新疆多维益贫式增长相关的重要议题尚未深入涉及。如新疆是少数民族聚居区，经济增长对不同民族的多维贫困有不同影响，在未来的进一步研究中可以考虑不同民族多维益贫式增长的情况；此外，新疆贫困除了收入、健康、教育维度外，还有其他维度，未来研究可以结合新疆实际情况，进一步将多维益贫式增长扩展到其他重要维度，等等。这些遗憾只能留待日后时机成熟时再弥补。

这一课题所取得的重要进展，离不开课题组成员的辛勤努力和智力投入。新疆财经大学张庆红副教授提出研究思路并拟定大纲，并与各位成员详细讨论研究细节；课题组主要成员——新疆农业大学夏咏教授、新疆财经大学阿迪力·努尔教授、新疆财经大学陈小昆教授以及新疆财经大学青年教师张雄参与了课题前期研究、调研、讨论或后期成果整理。在课题研究的三年（2014—2016 年）期间里，课题组共发表论文二十余篇，参加了一系列的国内学术讨论。最后，在前期研究基础上由张庆红和夏咏进一步完善整理并形成专著。书稿完成后，由张庆红统一修订完善。

张庆红

2016 年 11 月

目　录

第一部分　绪论

一、研究的背景及意义

（一）研究背景

一些国家的减贫实践表明，单纯的经济增长并不能自动惠及穷人，穷人的生活水平有可能随着经济增长而下降。因此传统发展经济学中盛行一时的“涓滴假说”（经济增长所带来的收益会自动扩散到社会的各个阶层和部门）备受质疑。随着人们对发展的理解不断深入，2000 年 9 月 189 个国家在“千年峰会”上签署了《联合国千年宣言》，承诺实现消除极端贫困、普及小学教育等 8 项目标，即联合国千年发展目标（MDGs）。在这个背景下，人们重新审视了经济增长、贫困和不平等之间的关系，并达成共识：高速的经济增长和对穷人有利的收入分配相结合能够最大化促使绝对贫困的下降，达到所谓的“益贫式增长”（“pro-poor growth”，简称 PPG），也就是尤其有利于穷人的增长方式。

在各国政府努力实现千年发展目标（MDGs）的背景下，益贫式增长备受关注。目前学术界对于经济增长是否（或者在什么程度上）益贫的问题存在大量的争议，这些争议推动了对益贫式增长的研究和探讨。但是这些争议的不足之处在于它们只关注收入维度的贫困，忽视了至关重要的非收入福利，而这正是 MDGs 的核心内容。众所周知，收入贫困的减少并不能保证非收入贫困的减少，如教育和健康。减少非收入贫困是发展目标的内在价值（Klasen，2000），也是 MDGs 的内容之一。而最终在非收入维度的进步将有助于实现收入贫困的减少。

改革开放三十多年来，新疆不仅实现了长期持续的高速经济增长，也实现了大规模的减贫。1979—2014 年，新疆年均经济增长速度达到了 10.5%，高于全国平均水平 0.7 个百分点，经济的快速增长极大地减少了新疆农村贫困；1979—2010 年，新疆持续减贫 841 万人；2010 年以后，随着援疆工作和民生工程的不断推进，新疆农村贫困人数持续下降，2011—2014 年，新疆减少扶贫对象 133.3 万人，减贫工作取得了巨大成就。多年来新疆贫困人口大幅下降的主要原因有：

（1）持续高速的经济增长。1979—2014 年，新疆生产总值年均增长 10.5%，人均生产总值年均增长 8.6%，均高于全国同期平均水平。经济的快速增长带动了农村居民收入和消费水平的提高，农村居民生活水平得到了很大提高。

（2）人力资本明显改善。根据全国人口普查资料，1982 年新疆 12 岁及以上文盲、半文盲人口比重为 20.9%；到 2010 年，15 岁及以上文盲、半文盲人口所占比重仅为 2.36%，婴儿死亡率从 1982 年的 115‰下降到 2010 年的 8.33‰，人口平均预期寿命从 1982 年的 60 岁上升到 2010 年的 72 岁。人力资本方面的重要进展促进了新疆的经济增长和城乡各族人民生活质量的提高，经济发展和社会进步的互补性对贫困人口的下降起到了积极的作用。

（3）政府采取的反贫困行动。自 1987 年自治区成立扶贫开发工作领导小组以来，新疆开展了大规模的旨在改变贫困地区社会经济落后状况的扶贫开发工作。“八七”扶贫攻坚计划期间，自治区实施《自治区百万人温饱工程计划》，用七年的时间解决了贫困人口的基本温饱问题。2001—2010年，新疆实施第一个扶贫开发纲要期间，自治区制定了整村推进的扶贫战略，通过大力推进产业化扶贫、科技扶贫、社会扶贫、引进外资扶贫等多种扶贫渠道减贫，十年时间减贫 284 万人。2011—2020 年，新疆实施第二个扶贫开发纲要期间，政府确定“南疆三地州、边境地区、贫困山区”为全区三大扶贫开发重点区域，以培育主导产业和增强发展能力为主要任务，展开新一轮的扶贫开发工作，旨在“加大以贫困群体为重点的民生改善力度”，“坚持发展成果惠及各族群众”。由于中央和地方政府对扶贫工作大力支持，新疆扶贫工作取得了显著效果。2011—2014 年，按不变价计算，新疆农村居民人均纯收入年均增长速度 13%，自 1986 年以来首次超过了经济增长速度，经济增长已经初步带有益贫性特征。

我国政府在 20 世纪 80 年代中期开始实施真正意义上的扶贫开发政策，以经济增长作为主要减贫手段，这种减贫战略对新疆的贫困人口下降产生了积极的作用。改革开放初期，新疆社会经济状况十分落后，农村几乎处于全面贫困阶段，农村经济体制改革所带来的经济增长使得以前缺乏经济发展机会的众多贫困人口迅速脱贫。新疆贫困人口逐渐集中在喀什、和田和克州等偏僻落后的地区，这些地区自然环境恶劣，基础设施建设薄弱，经济发展缓慢，无法实现自发的经济增长，这就要求政府通过特殊的扶贫政策推动贫困地区的经济增长，使贫困人口有机会参与到经济增长过程中。虽然这一阶段扶贫的主要手段还是通过经济增长促进贫困人口下降，但是这种经济增长是通过政府的努力实现的，而非当地自发的经济增长。这种通过政府特殊政策促进贫困地区的经济增长的方式，不但节约了扶贫政策执行的成本，也起到了较好的减贫效果。

现阶段，新疆贫困人口以少数民族为主，他们在收入、健康、教育等多个维度均表现出贫困。随着收入分配的不断恶化，贫困人口由于缺乏收入、知识、技能等资本，无法充分参与经济增长过程并从中获得收益。或者说，经济增长无法自动惠及这些群体，单纯依靠经济增长实现减贫的开发式扶贫战略已经不可能再像以前那样具有明显的减贫效果。因此，新时期应从以经济增长为主要手段的扶贫战略转向以经济增长和向穷人倾斜的收入分配相结合为主的益贫式增长战略。

（二）选题的意义

1. 理论意义

本书从多维益贫式增长视角研究新疆不同发展阶段经济增长与多维贫困之间的关系，分别从收入维度和非收入维度考察改革开放以来新疆经济增长的益贫性以及如何实现益贫式增长。因此本研究与发展经济学、福利经济学、区域经济学、益贫式增长理论及实践的关系十分密切。本研究的理论意义如下：

（1）自20世纪80年代我国实施大规模的反贫困行动以来，新疆的扶贫工作在理论和实践上使用的贫困概念主要是指收入贫困，贫困地区农民人均纯收入的高低是衡量人口是否陷入贫困的唯一标准。但是仅考虑收入贫困的贫困概念是不完整的，它很容易掩盖新疆经济转型时期贫困产生的各种问题。国内对新疆多维贫困的研究相对较少，因此本书对新疆多维贫困进行了深入研究，在两种贫困维度演进的差异方面提供了重要见解，丰富了贫困的相关理论和实证研究。本研究对转型经济贫困理论也能起到补充完善的作用。

（2）国内对益贫式增长的研究不多，且绝大多数研究集中在收入维度；对边疆少数民族地区益贫式增长的研究更少见。本书从收入、健康、教育等多个维度考察新疆经济增长益贫程度，是对我国益贫式增长理论和方法研究的重要补充和完善。

（3）研究非收入益贫式增长有助于推动对非收入指标的理解，这对监测贫困、确定贫困政策干预十分重要，对找到有助于贫困群体摆脱贫困的有效制度，提高扶贫政策的针对性有理论指导意义。

2. 现实意义

经济增长和减贫一直是发展中国家和地区制定发展战略所考虑的重点。近年来，由于收入差距的扩大，怎样使经济增长过程更加公平，使经济增长的成果也能够被低收入群体分享，逐渐成为关注的焦点。目前学术界对经济增长和贫困关系的研究大致可分为两种观点：一种观点认为经济增长能够自动惠及所有群体，绝对贫困人口会因此下降，这就是发展经济学中的“涓滴理论”；另一种观点认为，经济增长的减贫效果取决于收入分配的变化，收入分配的恶化将使经济增长的减贫效果大打折扣。基于这两种观点，形成了两类反贫困思路：一类认为通过刺激经济增长使穷人从中获得好处，从而实现贫困下降；另一类认为经济增长不能自动减贫，富有群体可能会凭借其要素优势从经济增长中获得更多好处，穷人的贫困程度得不到缓解，政府应从经济增长和收入分配两方面入手缩小贫富差距。这两类反贫困思路均从扶贫角度提出了经济增长的减贫作用，前者单纯将经济增长作为减贫手段，后者把经济增长和向穷人倾斜的收入分配相结合以实现对穷人有利的经济增长，即益贫式增长，从而达到减贫目的。

现阶段新疆扶贫任务仍然艰巨。2011—2014 年，中央、自治区和地方各类财政资金向新疆连片特困地区累计投入 709 亿元，但是贫困形势依然严峻。2014 年，该区域收入贫困发生率高达 30%以上（新疆维吾尔自治区扶贫办，2015）；患有大病、残疾、长期慢性病和体弱多病的人占总人口的比重从 2010 年的 4.4%上升到 2014 年的 7.8%；户均劳动力受教育程度为高中和大专以上学历的人数分别从 2010 年的 0.21 人和 0.02 人下降到 2014 年的 0.16 人和 0.01 人（新疆调查年鉴，2011、2015）。该区域人口在收入、教育、健康等多个维度陷入贫困，成为导致社会不稳定的重要诱因。尽管新疆各级政府不断努力提高教育和公共卫生服务水平，但是过去几十年来总体收入维度的改善并没有充分转化为教育和健康的进步，尤其是偏远贫困地区。城乡之间、不同地区之间的生活水平的巨大差距使得公共资源的分配更加不平等，这种不平等反过来对未来经济增长和收入分配的改善也带来不利的影响，在这种背景下贫困群体的福利势必受到损害。

一般认为家庭收入的增长或减少与穷人的福利变化密切相关。由于不同地区的情况有很大差异，即使经济增长相同，不同的地区和部门之间、不同的收入和非收入群体之间从经济增长中获得的收益也不相同，而处于社会最底层的穷人群体作为弱势群体，很难平等地分享到经济增长带来的收益。如果收入和非收入分配机制不合理，经济增长的减贫弹性将不断下降，不同群体之间的收入差距将继续扩大，由此产生的社会矛盾势必影响到社会的稳定和经济的可持续发展。益贫式增长理论的提出，尤其是贫困-增长-不平等的三角关系，为新疆贫困治理提供了新的路径选择。

本研究同时关注新疆收入和非收入维度的贫困和不平等，集中研究收入和非收入益贫式增长，以全面考察新疆多维贫困人口从经济增长中获得收益的情况，为新时期新疆精准扶贫战略提供有价值的参考和评估依据。

二、国内外文献综述

（一）对经济增长与贫困之间的关系研究

研究经济增长和收入贫困之间关系的文献十分丰富。对于经济增长的减贫效应研究可以追溯到 Field（1989）和 Squire（1993），他们估计了贫困减少的收入弹性。Bourguignon（2003），Kakwani 等（2004），Kalwij 和 Verschoor（2007）发现不同国家之间经济增长的减贫弹性有很大差异，这些差异很大一部分可以由经济增长和收入不平等之间的相互影响来解释。大量的理论和实证说明，总的经济增长可以减少贫困人口。绝对贫困发生率下降的程度将依赖于平均收入的增长速度、收入不平等的初始水平以及收入不平等的变化（Bourguignon，2003；Kalasen，2004；Klasen & Misselhorn，2006；World Bank，2000，2005）。特别是平均收入增长率较高、初始不平等较低、收入增长伴随着不平等下降的国家的绝对贫困人口减少也较快。

为了满足各国制定减贫政策的需要，许多学者研究了不同部门经济增长对减贫的效果。Mellor（1976）认为因为发展中国家中大量人口从事农业生产，农业产出的不断增长会促进经济的增长，从而减少贫困。Jose G. Montalvo 等（2010）认为第一部门（主要是农业）的增长是中国贫困人口减少的主要驱动力。Datt 和 Ravallion（1998）发现农业技术进步、农业基础设施建设、人力资源状况是成功减少贫困人口的主要决定因素，这个观点得到了大量的理论研究和实证研究的支持（Loayza & Raddatz，2006；Sumarto & Suryahadi，2007；Christiansen & Demery，2007）。

与上述观点相对立的是 Quizon 和 Binswanger（1986，1989）的研究成果，他们使用一个部分均衡多维市场模型（partial equilibrium multimarket model）研究印度，发现农村贫困人口并没有从农业绿色革命中获益，认为帮助穷人的主要途径是提高非农业收入。Warr 和 Wang（1999）也发现，在台湾工业部门的增长对减贫的影响最大。

也有研究支持农业部门和非农业部门的均衡发展能产生减贫效果。Ravallion 和 Datt（1996）根据印度 1951—1991 年时间序列数据发现印度农业和非正式服务部门的增长能极大地减少贫困率，其中后者的影响更大。Foster 和 Rosenzweig（2005）使用 1982—1999 年印度村庄和家庭的面板数据实证评估了农业生产率的改善和工业部门就业的增长都能增加农村的收入和工资，从而减少贫困人口。Warr（2006）用东南亚的某四个国家农业部门和服务部门的经济增长解释了贫困减少的最大化，其中服务部门的影响更大。Asep Suryahadi，Daniel Suryadarma，Sudarno Sumarto（2009）使用印度尼西亚的数据把经济增长和贫困分解为部门要素和城乡要素。研究结果表明城市服务部门的经济增长对消除农村贫困的影响最大，其次是农村农业的经济增长。该研究认为实现农业和服务业的均衡增长可以有效减少贫困。

几十年来，中国反贫困取得很大成就，国内许多学者对其原因进行了分析，如陈绍华、王燕（2001），林伯强（2003，2005），胡兵等（2005，2007），万广华、张茵（2006），胡鞍钢等（2006），陈立中、张建华（2007），汪三贵（2008），陈娟（2010），李小云等（2010），许启发等（2011），韩秀兰（2014），等等。几乎所有的研究都认为中国减贫的成就主要是因为持续的高速经济增长，但是不平等的上升对经济增长的减贫效果带来了不利的影响。

也有学者进一步探讨了不同部门增长对减贫的影响，由于选择的数据、模型等不同，结论有很大不同。李小云、于乐荣、齐顾波（2010）利用2000—2008年省际面板数据分析全国和不同区域经济增长与贫困减少的关系。结果表明，不同区域内各个产业增长对减贫的贡献差异明显。从全国平均水平看，农业部门的增长对减贫的作用最大。张凤华、叶初升（2011）则利用“八七扶贫攻坚”期间和“农村扶贫开发”期间两个时期的省际面板数据分析表明不同时期不同产业的增长对减贫的影响不同，随着经济的不断发展，减贫效应最大的产业由最初的第一产业转为第二产业。张萃（2011）利用2001—2008年28个省市的面板数据分析得出结论，第一、三产业增长对减贫的作用明显大于第二产业。

（二）对益贫式增长的概念研究

尽管益贫式增长在多种场合下被关注和讨论，但是至今还没有一个统一的定义。学术界对于如何定义益贫式增长有很大争论。具有代表性的是Ravallion（来自世界银行）和Kawani（来自UNDP的国际贫困中心）提出的定义。Ravallion认为使穷人的平均收益增长大于零的经济增长是益贫式增长。该定义以穷人的实际收入增长来度量益贫式增长，它仅关注经济增长和贫困人口减少，而不管在增长过程中不平等的变化。Kakwani（2008）认为这个定义包含了绝大多数的经济增长过程。他提出不同的定义：穷人平均收入增长比非穷人快，穷人从经济增长中获得的收益比非穷人更多，这样的经济增长才是益贫式增长。这个定义就是现在所说的“相对”益贫式增长。相对的定义考虑了经济增长过程中收入分配的变动。在这个定义下，（相对）不平等随经济增长而下降，经济增长就是益贫的。如果穷人从经济扩张中获得较大的绝对收益，但是导致了不平等的上升，这种增长将不被认为是益贫的。Karry（2010）认为这个定义也有局限性，如中国改革开放后经济增长快速上升，农村贫困程度大幅下降，但是不平等程度也不断升高，穷人从经济增长中获得的收益比富人少，这种增长应该也属于益贫式增长。

Ravallion 的定义被称作是“绝对”益贫式增长。Klasen（2010）将绝对定义进一步区别为“强绝对”和“弱绝对”，前者要求增长期间穷人的绝对收入收益大于平均收益（或非穷人的收益），后者则要求穷人收入的增长率大于零。

从益贫式增长三个定义的内涵看，弱绝对定义认为只要绝对贫困程度下降，增长就是益贫的；相对定义要求贫困程度下降的同时相对收入不平等也下降；强绝对定义则关注绝对收入不平等的下降，这种情况在现实生活中很难发生。因此各国在减贫过程中主要关注“弱绝对”和“相对”益贫式增长。

在减贫实践中，是采用益贫式增长的“弱绝对”概念好还是“相对”概念好呢？Lopez（2012）认为应视一个国家的具体情况而定。如果一个国家重视经济增长，那么就选择前者，因为前者有更多的非穷人受益。如果一个国家重视公平的话，就选择后者，后者有较低的不平等。DFID（英国国际发展部）的政策部门认为，对“相对”或“绝对”定义的偏好取决于一个国家或地区的具体目标。如果目标是降低绝对贫困人口数量，绝对定义更好。另一个世界银行的经济学家 Lopez（2011）认为经济增长对减贫的影响程度取决于一个国家初始的发展水平和初始的不平等程度。一个国家越贫困，经济增长在贫困变动中的作用越大，因此“益贫式增长”策略可能是比较好的减贫策略，该国的政策制定者在公平和经济增长之间权衡时，可能愿意以轻微的不平等上升程度为代价来实现更快的经济增长。在比较富裕的国家，经济增长在贫困变动中的作用较小，该国的益贫式增长策略在关注经济增长的同时也关注不平等。

也有许多学者和国际机构认为相对的和绝对的益贫式增长的概念相互补充，没有必要将它们对立起来。即使是一个国家选择“弱绝对”益贫式增长为其政策目标，争取相对意义上的益贫式增长也有助于该目标的实现。

对益贫式增长内涵的理解不同，研究的实证结果和益贫式增长政策的选择也不同（Klasen，2008；Duclos，2009）。发展中国家更重视绝对益贫式增长，因为这些国家的主要政策目标就是绝对贫困下降（Ruiz-Castillo，2009）。发达国家可能更关注相对贫困和收入不平等，因为相对不平等会对经济增长造成负面影响，会产生相对剥夺、社会排斥、不平等的问题，从而引起政治或社会的不稳定（Duclos，2009）。

从益贫式增长三个定义的内涵来看，弱绝对定义认为只要绝对贫困下降，经济增长就是益贫的；相对定义则要求贫困减少的同时相对不平等也下降；而强绝对益贫式增长的定义最为严格，在现实生活中很难实现。中国应根据不同的发展阶段，从关注弱绝对益贫式增长逐渐过渡到重视相对益贫式增长，从强调绝对贫困人口数量的下降转而重视相对不平等的下降。

（三）对益贫式增长测度方法的研究

国外提出了不少益贫式增长的测度方法。许多学者从不同角度进行了分类（周华，2008；蔡荣鑫，2009；Araar & Duclos，2009；Deutsch，2011；周华等，2011）。主要分类有：①是否属于全面方法。全面方法要求有明确的贫困线和贫困测度标准，它可以得到增长是否益贫以及益贫程度的明确结果。Ravallion 和 Chen（2003）提出的益贫式增长率（Pro-poor Growth Rate，PPGR），Kakwani 和 Son（2007）提出的减贫等值增长率（Poverty Equivalent Growth Rate，PEGR）等均属于此类。局部方法不需要明确贫困线和贫困测度标准，如 Ravallion 和 Chen（2003）提出的增长发生曲线（Growth Incidence Curve，GIC）和 Son（2004）提出的贫困增长曲线

(Poverty Growth Curve，PGC)。这类方法的缺点是无法比较一种增长比另一种增长更益贫的程度。②是否满足“单调性”假设，即贫困减少量是益贫式增长指数的单调递增函数。在所有方法中，Kakwani 和 Son（2007）提出的减贫等值增长率是唯一符合这一标准的。③是否排除匿名假设(Anonymity Axiom)。排除匿名假设方法要求识别经济增长前后家庭或个人的身份，能够真实反映慢性贫困和贫困人口的收入流动性，但是该方法要求用纵向数据分析。匿名假设方法虽然没有上述优点，但是它对数据要求不高，因此匿名假设方法应用更广泛，①和②中提到的方法均属于此类。

判断一个国家或地区的经济增长是否益贫、在多大程度上益贫，采用的概念和方法不同，结论也不同，但这并不是说益贫式增长的评估会因不同的方法而变化，或者说某些测度方法不能恰当地反映增长的益贫性。相反，不同的方法是从不同的角度看待益贫式增长的，它们之间是相互补充的。

（四）对益贫式增长测度的实证研究

这类文献相对比较丰富，一般是根据不同的定义和测度方法分析发展中国家或地区的益贫式增长，分析对象覆盖了亚洲、非洲、拉丁美洲等世界不同区域（Ravallion et al.，2003；Kraay，2006；Kakwani，2008；Duclos，et al.，2011；Araar，2012）。从实证分析的维度来看，目前主要从收入维度分析，分析过程中应用最为广泛的是 GIC 曲线，它最早由 Chen 和 Ravallion（2001）提出并用于分析中国收入维度的益贫式增长。国际上对非收入维度益贫式增长的研究则少得多。Klasen（2005）、Melanie Grosse 等(2008）将收入维度益贫式增长的测度方法引入对非收入维度益贫式增长的研究中，用于测度玻利维亚的收入、健康、教育、营养维度以及由以上指标构成的综合福利指数的益贫式增长，丰富了益贫式增长的研究内容。Cardozo 和 Grosse（2009）则在 Grosse 等人的研究基础上对构成综合福利指数的各指标权重确定方法做了进一步改进，再用于测度哥伦比亚的收入、健康、教育、资产等维度的益贫式增长以及其综合福利指数的益贫式增长。

目前国内对益贫式增长的研究主要借鉴了国外的研究成果。中国益贫式增长的研究还处于起步阶段。周华（2008）、周晓华（2008）、张庆红（2014）总结了益贫式增长的定义、方法及如何实现益贫式增长的相关文献。

张全红、张建华（2007），胡兵等（2007），胡浩志（2008），卢现祥、周晓华（2009），纪宏、阮敬（2007），阮敬（2007、2009、2010），朱农、骆许蓓（2008），李丹（2009），张克中、冯俊城（2010），韩秀兰（2013），高梦滔、毕岚岚（2014），单德朋、郑长德（2014），张庆红（2015）从实证角度测度了中国及中国不同区域经济增长的益贫性。研究过程中由于使用的益贫式增长的定义、方法、数据来源、贫困线等不同，得出的结论也不尽相同。阮敬（2010）基于弱绝对益贫式增长定义利用基于收入分布的益贫式增长判断方法测度中国20世纪90年代初经济增长不是益贫的，90年代后期及21世纪初是益贫的。卢现祥、周晓华（2009）和刘畅（2009）均采用相对益贫式增长定义和减贫等值增长率测度中国20世纪90年代以后经济增长的益贫性，但是他们使用的贫困线和洛伦茨曲线估计方法不同，前者认为20世纪90年代以来中国的经济增长都是益贫的，后者认为90年代初期和中期中国经济增长是非益贫的，90年代后期以来是益贫的。张克中、冯俊城（2010）进一步考虑了消费价格指数对不同收入群体的影响，利用GIC曲线分析后，认为20世纪90年代以来中国经济增长在弱绝对意义上是益贫的，在相对和强绝对意义上不是益贫的。高梦滔、毕岚岚（2014）基于中国滇黔桂的农户面板数据，用不同方法测量了2003—2009年样本农户收入与消费的益贫增长。经验研究发现：从收入角度，西南民族地区既是绝对意义的益贫增长，又是相对意义的益贫增长；从消费角度，绝对意义上的益贫增长存在，相对意义益贫增长不存在；对于最贫困的人，益贫增长的影响比较低，经济增长对于西南地区减贫效应逐步递减，顽固性贫困现象突出。韩秀兰（2015）基于中国健康与营养调查（CHNS）微观数据，应用 Atkinson 社会福利函数研究中国居民家庭各收入成分变动对居民总体福利的益贫性影响。实证结果显示：1988—2010 年，占中国居民家庭人均收入份额最高的工资薪金收入的福利改善指数表现出最大的益富性，退休金收入和家庭手工业或商业收入对总体福利的益富性贡献也不容忽视；农业净收益份额位居第二，其福利改善指数表现出最高的益贫性，包含转移收入的其他收入也具有一定的益贫性。

蔡荣鑫（2008）研究了越南、印度等国家的益贫式增长模式；付海明（2015）主要针对当前的宏观经济政策，探究了我国益贫式增长主要的方向。徐俊武（2008），罗小芳、卢现祥（2008），卢现祥（2009），张克中、郭熙保（2009），刘畅（2009）等研究了实现益贫式增长的政策和制度安排。

以上都是从收入维度研究中国经济增长的益贫性。随着国内相关的文献增多，也有少数学者尝试从多维角度探讨益贫式增长。周华等（2011）提出了排除匿名假设的多维益贫式增长的测量方法，利用中国统计年鉴的数据从收入、教育、医疗、社会保障和综合福利维度研究 1981—2005 年中国多维益贫式增长，在计算中使用不同百分位点人口医疗保健支出、不同百分位点人口教育支出这两个指标考察健康和教育水平。韩秀兰、李宝卿（2011）利用 CHNS 数据，根据社会机会函数（SOF）构造机会指数和机会益贫指数来测度 2000—2009 年中国初、中等教育和医疗卫生服务（包括村诊所、乡医院、县医院和市医院服务）的益贫性及其动态变化，分析中没有涉及其他维度的测量。周华、闫琴、周雅（2013）为了测度经济发展的同时是否实现教育公平，运用多维度益贫式增长度量方法测度了上海市教育维度益贫式增长率。他们的研究丰富了益贫式增长研究的内容，但是由于选择的指标、研究的维度具有片面性，研究结果难以充分反映中国多维益贫式增长的真实情况。

（五）对益贫式增长的实现途径研究

从现有的文献来看，主要有两种途径可以实现益贫式增长（Whitfield L.，2008）。一种途径是通过部门经济增长直接提高穷人收入，另一种是穷人通过公共再分配政策（如税收、政府公共投资、社会保护计划等）间接从经济增长中获益。

1. 部门经济增长

经济增长是贫困下降的必要条件。为了满足各国制定减贫政策的需要，学者们研究了不同部门经济增长的减贫效果。许多学者认为，绝大多数穷人生活在农村地区，且大多数直接或间接依赖农业为生，穷人拥有的且使用最多的生产要素是劳动力，所以益贫式增长措施应瞄准农村地区，通过充分利用农村劳动力，大力发展农业生产提高农民收入。

农村的非农业活动在减贫中也发挥着重要作用。Stewart，Lall 和 Wangwe（1992）认为，农村非农业活动在农村经济发展中扮演了一个非常重要的角色，它可以通过刺激农村产品和服务以及信息的发展进一步促进农业生产的发展，从而带来更多的就业机会，提高农民收入。为了实现这一目标，应积极完善农村基础设施（道路、通信、能源、技术传播），此外还必须提高农村基础教育水平，提高农业技术水平，建立和完善面向小规模借贷者的信用体制。Klasen（2007）认为"实际上所有成功发展的案例均表明快速的经济增长和贫困下降都是由于重视提高农业劳动生产率以及农业、农村非农产业的收入"。朱玲、魏众等（2013）也认为，单纯依靠发展农业无法有效提升农民的收入水平，应当通过利用财税、金融等调控杠杆，以及提供切实有效的就业指导和培训，鼓励农民发展非农产业和从事非农工作，提高非农收入在当地居民收入中的比重。

与上述观点相对立的是 Binswanger 和 Quizon（1984）的研究成果，他们使用一个部分均衡多维市场模型（partial equilibrium multimarket model）研究印度，发现农村贫困人口并没有从农业绿色革命中获益。Warr（2000）

也发现，在台湾，工业部门的经济增长对减贫的影响最大。

也有大量研究支持农业部门和非农业部门的均衡发展。Warr（2000）发现东南亚四个国家农业部门和服务部门的经济增长在很大程度上影响了贫困下降，其中服务部门的影响更大。Ravallion 和 Chen（2007）分析认为中国增长过程中部门之间的不均衡发展所带来的不平等使得整体经济增长对贫困的影响大打折扣，如果中国各部门经济增长保持均衡的话，只花一半时间就能实现 1981—2001 年取得的减贫成果。Wenefrida Widyanti 等人（2009）使用印度尼西亚的数据把影响经济增长和贫困的因素分解为部门要素和城乡要素。研究结果表明：城市服务部门的经济增长对减少农村贫困人口的影响最大；农村农业的经济增长作用也很明显，实现农业和服务业的均衡增长可以有效减少贫困人口。UNDP（2012）总结了来自成功实现减贫国家的案例。研究结果表明，工业化是促进收入和福利增长的有效途径，但是工业化并非唯一的脱贫途径，如果发展中国家政府承诺通过提高农村地区生产能力和服务来支持农业发展，农业也可以为经济发展奠定坚实的基础并帮助低收入家庭摆脱贫困（黄承伟等，2012）。

学术界对各产业部门经济增长的益贫性持不同看法。各国经济发展差异巨大是客观事实，而实证研究中对研究方法和数据资料的认识不同产生的偏差也是引起学术争论的一部分原因。该领域今后努力的方向是如何建立起完整的理论模型和获得更加精确的数据。从既有的文献来看，学术界对经济增长的减贫效应也有一定的共识，即对于不同的国家和不同的经济发展阶段，贫困对经济增长的敏感性并不相同，有必要采取相应政策以提高穷人参与经济增长过程的能力。这要求政府有意识地发展穷人赖以生存的经济部门，制定有利于穷人的经济增长政策。

2. 政府公共再分配

关于市场机制的相关理论和实践表明社会公共产品和服务（如基础教育、公共卫生等）的供给属于市场失灵的领域，也就是说仅依靠市场机制不可能有效配置这些资源。对此，经典的解释是，私人生产者很难通过市场交易获得应有的回报，因此缺乏足够的刺激满足社会对这些公共产品和服务的需要。政府必须承担起提供某些服务的责任，促使这些产品和服务的供给满足社会的需要。此外，由于个人禀赋和拥有的社会资本差异较大，市场机制的运行会使不同个体产生巨大的经济差异，即使一个社会提供了充足的公共产品和服务，那些陷入贫困的人口也难以充分享受到这些产品和服务。在这种情况下，政府可以通过税收、政府公共支出和转移支付等多种公共再分配手段改善收入分配，缩小不平等的程度。

各国减贫实践中以扶贫为目的的公共再分配政策不胜枚举，要对所有的公共再分配政策逐一回顾是不可能的。本研究只对具有益贫目标的政府公共投资和社会保护计划等非常重要的、对中国未来改革具有重要意义的再分配政策进行讨论。为了使讨论更具有针对性，本研究不打算对这些政策措施进行全景式的回顾，而是关注某些具体的方面。如在政府公共投资方面集中关注基础设施投资和人力资本投资的影响，在社会保护计划方面主要关注有条件的现金转移支付（CCT）。

（1）政府公共投资。

①公共基础设施投资。

政府公共基础设施投资是具有投资取向的收入再分配。公共基础设施建设对减贫的重要性在大量文献中被一再强调（Binswanger et al.，1993；Jalan and Ravallion，2002）。在发展中国家，对贫困地区基础设施方面的公共投资对减贫的影响主要包括（中国发展报告 2007）：（a）增加贫困人口进入市场的机会，降低交易成本；（b）促进农业劳动生产率的提高和非农产业的发展；（c）为贫困人口提供就业机会，增加他们的收入；（d）有利于扩大贫困人口获得教育和卫生保健的机会，增加他们的人力资本；（e）有利于改善穷人的非收入方面的福利，如改变生活方式、增加社会流动性等。

一些研究估计了基础设施投资对减贫的影响。Fan 等人（Fan et al.，2002）利用 1970—2000 年中国省际数据建立联立方程模型。实证结果表明政府在促进农业生产方面的投资，如对农业研发、灌溉、农村教育、电力、通信、道路等基础设施的投资，有助于促进农业经济增长，而且能够减少贫困人口和地区的不平等。在中国农村地区，所有的公共投资中农村教育是最重要的，针对农业研发的公共投资能减少西部地区的地区不平等现象，但是在发达地区追加投资则会导致地区不平等的上升。Fan 和 Chan-Kang（2005）发现东北和西北的道路建设对城市减贫作用明显，西南和西北道路建设对农村减贫作用明显。以上研究为未来基础设施的投资和建设的方向提供了有价值的参考。

也有研究表明，并不是所有的公共基础设施投资和建设都对穷人有利。Songco（2007）认为大型的工程建设会挤占农民的土地，甚至迫使他们迁移，导致他们的福利受损。Khan 和 Riskin（2001）认为即使是在同一区域，不同人对基础设施的利用能力和利用程度也不同。基础设施的改善所带来的农业和非农产业的发展会进一步增加经济的不平等，从而抵消经济增长对减贫的积极影响。世界银行对撒哈拉以南非洲 127 个村庄的道路项目进行过评估，发现这些项目没有对穷人的福利产生应有的影响，其主要原因是这些项目瞄准机制存在问题，社区参与程度不够，道路没有进行有效维护等（2002）。

政府公共投资的利贫性与投资项目评估方式和政府监管程度也有密切关系。Songco（2007），Robinson（2001）认为对贫困地区基础设施投资项目的评估中应包括对贫困人口教育、健康以及其他社会影响的评估，使减贫项目瞄准得更准确。此外应充分考虑基础设施投资未来的再分配效果。

②人力资本投资。

人力资本对提高个人（或家庭）收入和促进国家经济增长有明显的作用（中国发展报告 2007），它对促进减贫和减少不平等现象的工具价值已经受到学术界和政界的广泛认可。

世界银行的增长与发展委员会（2008）分析了自 1950 年以来至少 25 年内连续实现了 7%或更高的经济增长的 13 个国家的发展状况。他们认为经济稳定增长的13个经济体中每一个经济体都为提高教育和改善人力资本而进行了大量的投资。有证据表明，那些没有经历高速增长的国家在人力发展方面没有投入那么多的资金。委员会还提出，公共部门应积极参与教育事业，因为教育存在很高的潜在经济回报，而更高的教育回报与儿童的早期投资直接相关。一项长达40年的对非裔美国儿童的跟踪研究结果显示，对学龄前儿童在营养、健康、教育等方面的投资，年度回报率达到6%~10%，不但高于其在校教育和毕业后在职培训的年度回报率，而且还高于同期证券市场的年度回报率（Heckman et al.，2010）。

已有的研究表明，在农业领域和非农业领域的人力资本投资（无论是在农业领域还是在非农业领域）对提高农户收入水平有显著影响。在农业领域，人力资本投资可以提高农户自身的技能和改善他们的管理能力，这有利于促进农业劳动生产率，从而提高农业收入。农民在非农业领域就业时，无论是自我雇佣还是受雇于企业或个人，对人力资本投资的回报作用都十分明显。中国国内许多学者（魏众，2004；罗凯，2006；孙春，2009；董晓梅，2010）对中国农户健康和教育投资的减贫作用的实证研究也验证了上述结论。

此外，人力资本对不平等现象也具有重要影响。从实证角度看，使用20世纪80年代的数据展开的各项研究表明，在其他因素保持不变的情况下，较高的识字率和教育率与较低程度的不平等密切相关（庄巨忠，2012）。亚洲开发银行（2008）一份关于劳动力调查的数据分析显示，受过大学教育与教育程度较低的人群的收入差异随着时间的推移而逐渐加大，这就是教育回报方面不断增强的“中凸”现象。在其他条件都相同的情况下，“中凸”现象的不断增多将意味着不平等现象呈上升趋势（庄巨忠，2012）。

贫困人口在获得教育、卫生保健和卫生状况方面更趋于弱势，这种情况反过来又会使他们更加贫困。因此政府和公众在投资低收入和贫困人口的营养、健康、教育和培训等领域的同时，还需要采取消除社会排斥的公共行动。

(2) 社会保护计划。

益贫式增长要求具备能够直接满足社会最弱势群体需要的社会保护计划。社会保护通常以政府计划的形式出现，如对劳动力市场的干预、社会保险和社会安全网，它是一种能够确保边缘化和弱势群体从增长中受益，并参与到增长中去的机制。这里所说的社会保护或社会安全网与上面所说的公共投资有很大不同，社会保护或安全网主要通过改变收入分配促进减贫。

亚洲开发银行（2008）认为社会保护计划包括五个主要类型：①劳动力市场计划；②社会保险计划；③社会援助；④基于地区的微计划；⑤儿童保护计划。劳动力市场计划用于减少由于技能不合适或运行不畅的劳动市场造成的失业、非充分就业或低工资风险。社会保险计划旨在缓解与失业、残疾、工伤和年老有关的风险，社会援助计划是对没有其他渠道支持的最脆弱群体的现金或实物援助。社会融资是以地区为基础的微计划的典型代表，它可以提供公共工程的临时就业。儿童保护计划旨在满足儿童教育、健康等方面的基本需求。

中国的社会保护计划仅限于公共和正规部门，而将大部分人口排除在外。大部分针对贫困人口的社会保护支出都以培训、医疗保健和其他无法直接增加收入的非现金计划形式实现，能够享受到福利的群体主要是城市人口。在这方面中国可以借鉴有条件现金转移支付（CCT）项目的做法。

在过去十多年里，有条件现金转移支付（CCT）社会安全网项目在发展中国家倍受欢迎。CCT 项目因其良好的效果而获得越来越多的关注，运作该项目的国家数量在不断上升。各国各地区使用 CCT 项目的方式有很大不同，而不同的 CCT 项目的规模、级别也不同（分地方、区域、国家项目），但其共同点都是向贫困家庭提供现金支持，受益者按照规定投资儿童的健康和教育。

拉丁美洲的 CCT 项目启动最早、运作也最好，那里的决策者和项目管理者们越来越多地把CCT项目看作是更为广泛的社会保护体系。在巴西和墨西哥，CCT项目已经成为最大的社会援助项目，项目资金达到了上百亿美元。巴西的家庭奖学金项目已经惠及110万户家庭约460万人，而墨西哥的机会项目从1997年启动时的约30万个受益家庭发展到目前的500万个家庭（吴忠等，2010）。一些项目要求受益家庭只能将资金用于学校教育，一些项目要求受益家庭同时兼顾健康和教育。在亚洲，孟加拉国和柬埔寨的CCT项目被用于消除教育中的性别不平等，巴基斯坦的CCT项目将该国10~14岁女童的入学率提高了11个百分点。而撒哈拉沙漠以南非洲地区的CCT项目用于缓解因HIV/AIDS肆虐而给成千上万的儿童带来的痛苦。在墨西哥、哥伦比亚、尼加拉瓜等国，CCT项目将预防医疗服务使用率提高了8个百分点~33个百分点（吴忠等，2010）。在拉丁美洲一些社会不平等十分严重的国家，CCT项目被看作是提高儿童健康、营养、教育，消除贫困和不平等以实现发展目标的有效方法。世界银行（2009）认为CCT项目通常能够很好地瞄准贫困家庭，在转移方式不干扰受益者采取其他脱贫措施时，效果十分明显。CCT项目提供了稳定的收入来源，使得贫困家庭免受失业、疾病或其他冲击带来的严重后果。实践证明，如果现金转移支付给女性时，几乎所有的CCT项目都可能提高妇女的话语权。

由于CCT项目主要集中在那些如果不进行干预就无法享受到健康和教育服务的家庭，因此该项目在消除健康和教育不平等方面十分有效。

当然，CCT项目只是向贫困家庭进行收入再分配的社会保护项目的一种，它并不适合所有的贫困家庭，如贫困的老人家庭、无子女家庭或子女年龄不在CCT项目转移支付范围内的家庭都无法从中受益，但可以通过其他方式实现对这些群体的收入再分配。如针对老年贫困人口的人力资本的进一步投资没有多大意义，社会养老金才是更好的方式和手段。此外CCT项目也不是进行社会风险管理的最佳选择，CCT项目可以减缓贫困人口在不同危机中受到的打击，但是由于它针对的是长期人力资本的投资和目标群体瞄准的方式，因此它不是解决暂时性贫困的最好手段。因此CCT项目和其他现金转移支付项目可以相互补充，瞄准不同的家庭，来解决不同家庭不同性质的贫困。

（六）简评与结语

对益贫式增长内涵的理解不同，研究所提供的实证结果和益贫式增长实现的路径选择也不同。一般来说，发展中国家更重视弱绝对益贫式增长，因为这些国家主要的政策目标就是绝对贫困下降。发达国家可能对收入不平等更加关注，因为相对不平等对经济增长造成负面影响，就会产生相对剥夺、社会排斥、机会不平等等问题，从而引起政治或社会的不稳定（Duclos J.，2004）。

就减贫而言，经济增长是基础，它决定着不同社会群体之间收入水平以及再分配的可持续性。再分配虽然有助于改善贫困群体的生活状况，但是不能从根本上扭转贫富差距扩大的趋势和增强社会的公平性。在极端贫困的国家，不实现经济增长就消除贫困是不可能的，因为没有可以用于再分配的资料；在平均收入水平较高的国家，经济增长的效益会被用于再分配，任何人的生活水平都不会因此而下降。在各国的益贫式增长战略实施过程中，也都倾向于把经济增长政策和公共再分配政策的多种功能和目标相组合使用，很少有政策只考虑单一的功能或目标。

益贫式增长的实现并不是只有一个固定的模式，一个国家或地区的初始发展条件、有效的政策干预以及外部环境的变化影响着经济增长的减贫模式。从各国的减贫实践来看，大多数实现收入和福利改善的国家均采取了与其国情相适应的政策和途径。益贫式增长强调收入分配向穷人倾斜。社会经济发展相对落后的国家或地区实施益贫式增长战略时需考虑过早强调公平是否会影响效率（即增长），进而对脱贫产生相反作用的可能性；应根据减贫的时段性，从发展前期关注弱绝对益贫式增长过渡到中后期重视相对益贫式增长，以保证减贫的可持续性。

第二部分　益贫式增长的识别、测度及相关理论基础

一、从收入贫困到多维贫困

（一）贫困概念的延伸

18世纪以来，许多学者开始涉及贫困问题，比如卢梭、马尔萨斯等，但是在相当长的时间里贫困并没有明确的定义。英国的布思和朗特里（1899）首先明确提出了绝对贫困的概念并创立了绝对贫困线，他们认为一个家庭处于贫困状态是因为它所拥有的收入不足以维持其最低生理上的需要。许多学者认为“最低生理需要”的含义过于狭隘。由于对绝对贫困概念中的“最低生活标准”有争议，20世纪60年代，英国学者皮特·汤森提出了“相对贫困”，并创立了相对贫困线，认为如果一个人的收入低于社会平均收入的某个比例，那么该个体就处于相对贫困中。从这个角度来看，贫困与社会经济发展水平无关，只要存在收入差距，存在低收入阶层，贫困就没有办法消除。

传统贫困的理论和测量方法通常是基于家庭净货币收入或家庭消费。

就贫困而言，如果他们的收入低于贫困线，就将其定义为贫困。一个国家贫困线确定的方法通常有：食物、消费篮子、平均数的百分比、总收入分配的中位数。

20世纪60年代，欧洲出现了发展社会指标的运动。学者们开始对这种一维测度方法提出疑问。他们认为关于收入贫困的传统的理论和方法是将收入或消费作为福利的代名词，把收入或消费贫困当作福利的缺失，这种一维测度方法是有缺陷的，应把社会福利的范围扩展到经济之外。这些争论推动了多维贫困思想和方法的产生和发展。Morris（1979）提出的物质生活质量指数就体现了多维贫困的思想。

真正引起人们对多维贫困高度关注的是Amartya Sen。Amartya Sen（1992，1996，1999）把可行能力（capabilities and functionings）引入贫困分析中，关注贫困的非收入因素，并将社会排斥纳入贫困研究的范围，提出了能力贫困概念。他认为贫困的原因就是能力的匮乏，作为一个社会人，应该获得足够的营养、基本的医疗条件和住房条件、一定的受教育机会等。如果一个家庭或个人缺少这些功能或者其中的一项功能，那就意味着处于一种贫困状态。Sen以能力方法定义多维贫困，根据这个方法，贫困被理解为能力或自由的剥夺。能力方法关注个人参与社会的能力，跨越了生活的不同方面，这是传统的收入贫困测度方法无法反映的内容（Clark，2005）。

受Amartya Sen"能力贫困"理论和方法的启发，1990年联合国开发署（UNDP）首次提出人类发展指数（HDI）的概念，用预期寿命、成人识字率和人均GDP的对数反映人类发展的健康、教育和生活水平三个维度，各指标是等权的，它是国际上最著名的反映人类多维贫困的指数。有人批评这个指标没有关注政治和文明，不平等、权利等，对人类福利的概念界定过窄。但是它可用于跨国比较，因此在政策讨论中扮演着重要角色（Kanbur，2002）。1997年UNDP开始测算人类贫困指数（HPI）。该指数包括预期寿命在40岁以下人口比重、成人文盲比重、拥有医疗服务的人口比重、拥有安全饮用水的人口比重、5 岁以下营养不良的人口比重等五项指标。2001 年《人类发展报告》中明确了人类贫困的概念，指出人类贫困是多方面的贫困，如健康生活、体面的生活、知识、参与权等方面的缺失。2010 年《人类发展报告》引入了多维贫困指数（MPI）以测量健康、教育和生活标准方面的缺乏程度，并分析了大多数国家 1970 年以来的 HDI，认为国家的经济表现与这些 HDI 的非收入维度（健康和教育）成就并没有一致的关联。2011 年《人类发展报告》对 109 个国家进行多维贫困分析，探索“在多维贫困人口（重点放在缺乏炊用燃料、饮用水和卫生设施的贫困人口）中环境剥夺的普遍性，以及在家庭层面上的交叠范围”。该报告认为全球每 10 人中至少有 6 人遭受一种环境剥夺，有 4 人遭受两种以上的环境剥夺。而人类发展指数低的国家有超过 40% 的多维贫困人口面临着全部三种环境的剥夺。

Sen 提出能力贫困理论后，不少学者开始对多维贫困的测度方法进行研究和探讨，其中最著名的是 Alkire 和 Foster（2008）提出的多维贫困的识别、加总和分解方法。《人类发展报告》（2010，2011）正是基于该方法测算了一百多个国家的多维贫困指数。

虽然对多维度贫困的存在达成了一致，但是对于究竟应该包括哪些维度，如何确定某个人是否贫困等问题，学术界还存在很多争论。在研究中考虑的维度通常包括健康、营养、教育、居住特征等，有很多维度没有被考虑但是对个人脱贫影响很大，如自由、人权和暴力等。

对中国多维贫困测度的研究起步较晚，但近几年研究成果较多。目前对中国多维贫困现象的描述主要是联合国开发计划署每年公布的人类发展指数（HDI），以及国内外学者从收入、健康、教育、生活质量等方面基于各种方法所构造的多维贫困指数（尚卫平、姚智谋，2005；王小林等，2009；邹薇、方迎风，2011；王春超、叶琴，2014）。这些研究由于选择的指标维度、时间跨度和数据量有限，难以全面反映中国多维贫困动态变动的实际情况。

随着经济的不断发展，人们对贫困的认识逐渐深入，由收入贫困到多维贫困，贫困的概念和理论在不断扩展，在此过程中各国政府也对减贫战略不断进行调整。减贫实践中出现的新课题促使人们反思经济增长在减贫中的作用，并开始思考什么样的经济增长模式最有利于减贫。

（二）收入贫困与非收入贫困之间的关系

收入贫困指标与非收入贫困指标之间存在密切联系，但是对两者之间的关系应慎重考虑。有的学者认为，总体上不同维度的贫困与收入（或消费）相关性不大，很难判断收入和死亡率、入学率、营养不良等指标之间的关系（Klasen，2000；Gunther and Klasen，2009）。持续的经济增长、生产性就业和资本方面的增长是减少收入贫困的内在动力，但是收入本身并不能对过去100年中世界众多国家在卫生方面取得的巨大进步做出解释，也不能将其视为推动未来卫生方面进步的唯一手段。收入贫困的大幅下降不一定会带来非收入贫困的大规模降低（阿贾伊·坦登等，2012；普雷斯顿，2006）。在大多数情况下，经济实力强的国家往往有更好的卫生状况，但是也有例外，如20世纪60年代到20世纪70年代改革开放前的中国经济增长缓慢，但是社会发展进步很大，预期寿命快速增长；改革开放后中国经济迅速增长，但是预期寿命增长的速度却大幅下降。这说明一个国家即使是在经济没有强劲增长的情况下，也有可能将公共的和私人的干预措施集中在消除非收入贫困方面。这些干预措施可能是以投资、公共政策、激励措施或改善环境等形式展开的。

二、益贫式增长思想发展历程及理论基础

（一）益贫式增长的思想发展历程

益贫式增长思想的萌芽最早出现于20世纪70年代。Chenery 和 Ahluwalia（1974）的“增长中的再分配”模型可以被认为是关于整个益贫式增长讨论的开端以及涓滴假说批判的顶点。Chenery 等人的研究报告《增长中的再分配》（1974）总结了 20 世纪 60 年代的世界经济增长历程，认为在一些国家的经济增长中穷人从中获得的好处很少或者是没有获得好处，而另一些国家则相反。20 世纪 70 年代的工业化发展属于典型的资本密集型，这一阶段减贫效果并不理想，而且收入不平等在上升。研究中提出的“增长中的再分配”思想与近年来的益贫式增长的思想类似。他们认为在发展的早期阶段，由于第一产业和工业中相对较小的现代部门产出增加较快，收入分配会变得更加集中，随着经济继续增长，增长所带来的收益在更大的范围扩散。但是由于穷人不能获得土地、资本、教育和其他公共资源，大量劳动力没有任何技能，无法就业，穷人的收入增长受到限制。Chenery 等人提到在增长过程中这种收入分配集中的加剧趋势并不是必然的，一些国家的经验表明，通过提高教育和对劳动力快速增长的需求可以实现现代部门就业的增加，土地的再分配和公共支出的增加直接抵消了穷人最初的不利状况，而政府所采取的能够达到目标群体的积极的政策工具也是十分必要的。

在 20 世纪 90 年代早期，减贫成了国际中心议题。世界银行 1990 年的世界发展报告认为华盛顿共识（世界银行、国际货币基金组织和美国政府根据 20 世纪 80 年代拉美国家减少政府干预、促进贸易和金融自由化的经验，提出并形成的一系列政策主张）无法解决贫困问题。而华盛顿共识中所提出的宏观经济政策导致了经济的过度收缩，经济没有实现快速增长，穷人的利益也受到了损害。报告提出了减贫的三大策略：劳动密集型的经济增长、改进的社会服务和安全网，并强调增加穷人的财产、就业和收入，让穷人参与到经济增长过程中，要重视劳动密集型增长和小农户农业。报告认为如果经济增长能够充分利用穷人最丰富的资源——劳动力，那么经济增长对减贫的效果会更好。世界银行 2000 年的世界发展报告中再一次强调了减贫，类似 1990 年的报告，世界银行对全球贫困开出了三个处方：机会、安全和赋权。机会主题与1990年报告中的改进社会服务（对穷人的人力资本投资）有很多共同点。安全主题与1990年报告中的社会安全网有很多共同之处。虽然在这次报告中没有提到“益贫式增长”这一名词，但是它强调了增加穷人在经济增长过程中的机会，而这些穷人通常是被排斥在市场之外的。世界银行保留了华盛顿共识中的不少老议题，但是补充了贫困监测和分析、扶贫目标、效率和资源流动的公平性、效率和公共支出的公平性。Maxwell（2001）称其为“新新贫困议程”，它与华盛顿共识相比更加务实，包括了增长、健康和教育的社会服务、安全网、良好的管理等内容。

1997年英国国际发展白皮书中首次出现“益贫式增长”这一术语，随后它相继出现在1999年亚洲开发银行报告、2000年世界银行的世界发展报告中。20世纪90年代末至21世纪初是益贫式增长概念盛行的初期，主流经济学家认为要实现快速减贫，快速的经济增长和较低的不平等这两个条件必须同时具备。而21世纪初期新的跨国分析表明快速的增长对减贫起到的作用最大。但并不是所有的增长对减贫都起到相同的作用，因为增长的模式也是十分重要的。目前该领域的研究比较关注什么样的增长模式对穷人更有利，什么样的政策能够实现更高的经济增长和快速的减贫。

在21世纪初，随着一系列关于经济增长、收入分配和贫困的跨国宏观经济的新的研究成果出现，正统的发展经济学家，尤其是世界银行的经济学家们对以下观点达成共识：（1）持续的经济增长总体上能够降低贫困率，总的经济增长速度是决定贫困率下降程度的主要因素；（2）较高的收入不平等将会降低经济增长对减贫的影响，而较低的初始不平等会带来随后较高的增长；（3）一些国家经济增长的减贫效果比其他国家更好，反映出经济增长速度和增长模式对穷人十分重要。

在关于益贫式增长的讨论中，人们普遍强调益贫式增长是“扩大穷人的机会和提高穷人的能力，以便穷人能够更多地参与到经济活动中，并从中获得更多的好处”。而实现益贫式增长则需要采取刺激经济增长的政策以及确保穷人能够在经济增长中得到机会的政策，这一点在许多分析中不断被强调。总体来说，益贫式增长理论认为，即使是总体经济增长和减贫情况良好的国家，也会有相当比例的穷人在经济增长过程中被边缘化而无法逃脱贫困。经济增长对减贫是必要的，但合适的经济增长模式同样重要，我们需要发现哪一种经济增长模式对穷人更有利，对减贫更有利，从而制定相应的政策以实现这种增长模式。

（二）益贫式增长的理论基础——增长、不平等和贫困的关系

益贫式增长问题是在研究经济增长、收入分配和贫困三者关系中显现出来的。它以经济增长-收入分配-贫困三角关系理论为研究基础，以减贫政策研究为落脚点，主要探讨经济增长和收入分配的减贫机制，以及如何使贫困人口参与到经济增长中并获得好处的政策机制（Ravallion M., 2006）。

长期以来，经济增长、收入分配和贫困之间的关系一直是学术界和政策研究的焦点。一般来说，经济增长指的是人均国民收入的持续增长。人均收入的增长意味着物质财富的增加，这将为一个国家或地区获得更多的福利提供机会，贫困程度就有可能下降。但是经济增长和贫困之间的关系不是必然的。在拉丁美洲，有些人均收入高达 4 000 美元的国家仍然存在大量的贫困人口，这些贫民缺乏进入资本市场和使用公共服务设施的门路，无法实现正式就业。这说明经济增长只是减贫的必要而非充分条件，经济增长的减贫效果还取决于收入在不同群体之间的分配情况。

在前人研究的基础上，2003 年 Bourguignon 提出了经济增长-收入分配-贫困的三角关系（见图 2-1），梳理了经济增长和收入分配影响贫困的可能机制。他指出经济增长有助于减贫，而收入分配的不平等对减贫有显著的负面影响。这一结论已成为学术界与政策界的共识。越来越多的研究倾向于认为收入分配的恶化会损害经济增长，但是还没有证据表明经济增长与收入分配之间存在系统性关联。总的来说经济增长、收入分配和贫困三

者之间的关系非常复杂，没有令人信服的证据表明这三者之间在作用方向和影响力大小上存在某种确定性的关系。

经济增长-收入分配-贫困三者之间的关系研究为益贫式增长思想的产生奠定了基础。益贫式增长理论认为高速的经济增长应配合更公平的收入分配才能实现贫困快速下降。如果经济增长与收入分配不存在系统性关系，那么经济保持高速增长的同时也有可能保持较低的不平等，益贫式增长就有可能实现，这样穷人就有可能从经济增长中受益（Ravallion M.，2004）。

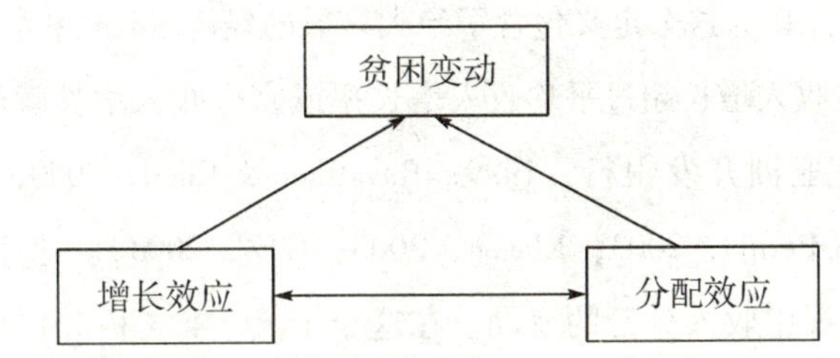

图 2-1　经济增长、收入分配、贫困的三角关系（Bourguignon）

三、对益贫式增长内涵的不同理解

（一）几种应用广泛的益贫式增长定义

近年来，益贫式增长越来越受到关注，主要是因为从各国的减贫实践来看，许多国家经济增长的好处不能被全体社会成员共同分享。实际上经济增长甚至可能伴随着穷人所享受的福利下降——这可以被称作“贫困化增长”（immersizing growth）。益贫式增长更加强调穷人福利的变动，从而受到学者和政策制定者的关注。

基于对益贫式增长的不同理解，目前学术界提出了多个益贫式增长的定义和测量方法。较有影响力的如下：

(1) 益贫式增长是能够使穷人受益的增长（OECD，2001；UN，2000）。根据这个概念，只要增长使总人口中穷人所占比例下降（保持贫困线不变)，这种增长就是益贫的。在这个定义下，无论我们使用何种标准衡量贫困，使穷人受益的增长就可以被称为益贫式增长。这是对益贫式增长最广泛的定义（Cord et al.，2004）。

（2）益贫式增长是能够使穷人收入增加的增长。它意味着对比前后两个不同时期，穷人的实际收入是增加的。Ravalion 和 Chen（2003）认为这是绝对意义上的益贫式增长。该定义以穷人的实际收入增长来度量 PPG，仅关注经济增长和贫困人口的减少，而不管在增长过程中不平等的变化。Kawani（2004）认为这个定义包含了绝大多数的经济增长过程。

（3）穷人收入增长超过平均收入增长率或富人收入增长就可以被称为益贫式增长（亚洲开发银行，1999；Ravallion & Chen，2000；Kakwani & Pernia，2000；Pernia，2003；Klasen，2003；GTZ，2003）。这个定义考虑了经济增长过程中收入分配的变动。在这个定义下，（相对）不平等随经济增长而下降，经济增长就是益贫的。如果穷人从经济扩张中获得较大的绝对收益，但是导致了不平等的上升，这种增长将不被认为是益贫的（Lopez，2004）。

（4）穷人实际收入的增长率大于收入分配不变条件下穷人收入增长率就是益贫式增长。按照这个逻辑，可以把减贫效应分解为增长效应和分配效应。Kakwani 和 Pernia（2003）研究贫困的增长弹性时沿用了类似的逻辑。

以上定义可能需要和其他条件相联系，如收入不平等的下降，减贫的可持续性等。这些定义大多都有各自衡量益贫式增长的方法。

（二）对益贫式增长定义的讨论

益贫式增长是对穷人有利的增长，而对如何定义它的争论也一直持续不断。根据对上述益贫式增长概念的总结，益贫式增长定义大致可归为两类：绝对益贫式增长和相对益贫式增长。相对益贫式增长很容易理解，它是指，如果穷人的增长率超过了平均收入增长率，这种增长就是益贫式增长。换句话说，穷人的收入增长超过了平均水平，收入不平等程度（至少是在穷人和非穷人之间）必定下降；其次是不平等程度的下降对穷人来说具有重要意义，因为他们的福利变动不仅依赖于自己的收入变动，还依赖于与社会群体之间的差距。

就绝对益贫式增长而言，Klasen（2008）将其进一步区分为“强绝对”益贫式增长和“弱绝对”益贫式增长，前者要求增长期间穷人的绝对收入收益大于平均收益（或非穷人的收益），后者则要求穷人收入的增长率大于0。White 和 Anderson（2000）的实证研究表明，强绝对益贫式增长在现实生活中很难实现，但这并不意味着研究强绝对益贫式增长没有什么意义。一些研究者认为，强绝对益贫式增长的实现能够降低绝对不平等。如果过多考虑相对益贫式增长，而忽视强绝对益贫式增长，只关注相对收入不平等，可能会忽略绝对收入不平等的扩大（Amiel and Cowell，1999；Atkinson and Brandolini，2004；Duclos and Wodon，2004；Klasen，2004；Ravallion，2005）。

另一种“绝对”是大多数政策讨论所关注的重点，它认为益贫式增长就是穷人的增长率大于0（OECD，2006），即穷人收入的绝对增长量应该大于0，我们可以称它为弱绝对益贫式增长。Ravallion 和 Chen（2003）认为，如果经济增长能够降低 Watts 贫困指数，那么这种增长就是益贫的。实现贫困程度下降是发展中国家的一个重要的政策目标，因此弱绝对益贫式增长的概念对关注贫困程度下降的发展中国家也很有意义。

表 2-1　　不同情况下的益贫式增长判断

年份	穷人	增长（%）	非穷人	增长（%）	是否益贫
0	100	–	500	–	
1	103	3	510	2	相对，弱绝对
2	104	1	560	10	弱绝对
3	110	6	610	9	弱绝对

表2-1(续)

年份	穷人	增长(%)	非穷人	增长(%)	是否益贫
4	130	18	625	2	相对，弱绝对，强绝对
5	128	-1	592	-5	相对，强绝对

资料来源：OECD 发展中心第 246 号文件

表 2-1 充分说明了两个观点（World Bank，2005b），它表示一个国家在一个初始状态中，穷人人均挣了 100 美元，富人人均挣了 500 美元。在第一年里，穷人的收入增长了 3%，而非穷人的收入增长了 2%，这种经济增长在“弱绝对”和相对意义上是益贫的。

第二年，穷人的收入增长了 1%，非穷人增长了 10%，则增长仅在“弱绝对”定义下是益贫的，它说明增长的成果很难惠及穷人。在第三年，穷人收入增长 6%，而富人增长 9%，与第一年对比，显示了“弱绝对”定义的优点。

在第三年，穷人有着比第一年更高的收入增长，就可称这种情况为弱绝对益贫式增长。相反，这种情况在“相对益贫式增长”定义里被称为反贫困（用这个定义第一年较低的增长率被称为益贫）。

在第四年，不仅穷人享受了收入增加的好处，而且他们的绝对收入超过了那些非穷人（20 对 12），这种情况是“弱绝对”“相对”“强绝对”的益贫式增长。因为在绝对意义上穷人获得的财富比富人多。这样的状态要求穷人的收入增长率是 18%（与非穷人收入的 2%相比）。它很好地描述了实现强绝对益贫式增长是多么的困难。

在第五年，收入下降，富人下降的比例（绝对数）比穷人多，这种情况不能称为弱绝对益贫式增长，在相对意义上（或者是在“强绝对”意义上）可以称之为益贫式增长，或者说这是一个益贫式收缩（Son，2004）。这种情况更好地说明了相对的概念不总是包含弱绝对增长定义的涵义。

通过对益贫式增长不同概念的论述可以看出，实际上不同概念的内涵都围绕着三个中心问题在讨论。

第一个问题是，我们是关心穷人的绝对收入变化还是不平等本身。如果关注穷人绝对收入变动的话，弱绝对益贫式增长概念就能够成立；如果仅关心后者的话，益贫式增长的弱绝对概念就没什么意义了。

第二个问题是，经济增长和不平等减少之间是否具有权衡替代的关系。即使我们仅关心穷人的绝对收入，相对的概念也具有优点。收入不平等程度的下降加速了贫困的减少，但是这种减贫效果有可能被伴随着这种不平等程度下降的任何增长的下降所抵消。基于这一认识，相对定义存在的意义将取决于增长和不平等减少之间是否具有权衡替代的关系（高速增长是以高度的不平等为代价，不平等的降低伴随着增长的下降）。如果这种权衡替代的关系不存在，就有办法降低不平等而不损害平均收入的增长（甚至提高）；如果这种权衡替代的关系存在，即不平等下降是以经济增长下降为代价的，相对益贫式增长就没有任何意义，因为不平等的下降可能会导致经济增长下降（因此贫困率下降速度更慢）。

在本章关于经济增长、收入分配和贫困关系的讨论中，主流经济学家的观点说明了相对益贫式增长存在的价值。他们认为经济增长伴随着不平等上升的证据是脆弱的，经济增长和不平等之间并没有某种必然的因果联系。这个观点有力地支持了相对益贫式增长理论，即经济增长有可能伴随着收入分配的改善。经济增长向穷人倾斜能够使穷人的收入增长最大化，但不会降低总的经济增长水平。

第三个问题涉及政策的使用。当研究者仅关心贫困率下降的速度时，弱绝对益贫式增长是有意义的。但是当研究者希望判断现有的经济增长模式所提供的机会是否对穷人更有益时，相对益贫式增长的概念更加合适。

基于对上述问题的思考，各国政府在寻求实现益贫式增长的有效路径时，应充分考虑本国的社会经济发展程度。对发展中国家或地区，应思考过早强调公平是否会影响效率（即增长），是否对脱贫产生相反的作用，即减贫的时段性和可持续性。相关政策应在经济发展前期关注弱绝对益贫式增长，中后期转而关注相对益贫式增长。而对于发展程度较好的国家，关注相对和强绝对益贫式增长以实现相对和绝对不平等的下降则更有意义。

四、几种常见的益贫式增长测度方法

目前国内外学者根据益贫式增长的不同定义，提出了不少益贫式增长的测量方法。一些应用极为广泛的益贫式增长的测度方法介绍如下：

（一）贫困的增长弹性（growth elasticity of poverty，GEP）

贫困的增长弹性（GEP）是测度益贫式增长的简单方法。它表示两个不同时期之间平均收入变动1%时，贫困发生率变动的比例。如果贫困的增长弹性大于1，它表示较小的收入变动就会导致较大幅度的贫困减少。GEP越大，在给定增长率条件下贫困率下降的幅度也越大，增长就越益贫。这种方法很具有吸引力，因为它简单，且对数据的要求不高。但是这种方法也有缺陷，因为贫困对增长的反应程度依赖于收入的初始水平和收入分配的状况。它的局限性有：（1）与较高的收入相比，对低收入而言，贫困对收入的变动更加敏感。因此，假如低收入国家和中等收入国家具有相同的经济增长率，利用GEP来判断这两个国家的经济增长是否益贫，得出的结论在低收入国家可能是有利于穷人的，而在中等收入的国家可能就不是益贫的。（2）同样在不平等程度较高的情况下，贫困对收入的增长也不太敏感。因此，虽然GEP是一种简便的方法，但是在对比国家之间的益贫式增长时应格外小心。（3）虽然弹性的概念十分清楚，但是它对收入分配中贫困线的位置十分敏感（Bourguignon，2002，2003；Ravalion，1997）。（4）在有的情况下利用GEP判断益贫式增长可能得出错误的结论。如增长率为0，贫困率变动很小（下降），那么计算的结果是贫困率的增长弹性是无限大的。

（二）GIC 曲线和益贫式增长率

Ravallion 和 Chen（2003）介绍了应用最为广泛的益贫式增长的测度方法：增长发生曲线（growth incidence curve，GIC）和益贫式增长率（rate of pro-poor growth，RPPG），RPPG 是对 GIC 曲线的补充，当 GIC 曲线对结果无法做出明确判断时，可以通过 RPPG 判断。增长发生曲线的横轴是将总人口按照收入由低到高从 0 到 100%排序，纵轴反映了按收入排序的不同百分位点上的人口收入增长率。具体公式和判断方法在后面有详细介绍。

（三）益贫式增长指数（Pro-Poor Growth Index，PPGI）

Kakwani 和 Pernia（2000）提出了一种益贫式增长的测度方法，称之为益贫式增长指数（Pro-Poor Growth Index）。该方法假定贫困减少依赖于经济增长和收入分配的变动。它认为经济增长能够降低贫困，但是如果经济增长伴随着不平等程度的上升，那么经济增长的减贫效果会减小。因此益贫式增长的测度方法如果不考虑不平等程度的变动对贫困减少的影响，其结果将可能产生偏差。

Kakwani 和 Pernia 将贫困的变动（P）分解为两部分：一部分是当收入分配不发生变化时经济增长的影响（纯增长的影响 P_g）；一部分是当经济增长保持不变时收入分配变动的影响 P_I，即 $P=P_g+P_I$。如果不平等不发生变化，单纯的经济增长对贫困的影响是负的，经济增长将降低贫困率；如果经济增长不发生变化，单纯的不平等对贫困的影响可能是负的（如果不平等程度下降），也可能是正的（如果不平等程度上升）。根据上述分析定义益贫式增长指数 $PPGR=\gamma/\gamma_g$，γ 是总贫困的增长弹性，即平均收入（消费）增长率等于 1%时，贫困发生变动的百分比；γ_g 是假定收入分配不变条件下贫困的增长弹性，即相对不平等不发生变动的条件下平均收入（消费）增长率等于 1%时贫困发生 PPGR 变动的百分比。如果 PPGR 大于 1，则增长是益贫的；如果 PPGR 的数值在 0 到 1 之间，虽然经济增长带来了贫困减少，但经济增长的不平等的影响是负的，因此穷人从经济增长中获得的好处小于非穷人。

（四）贫困等值增长率（Poverty-Equivalent Growth Rate，PEGR）

Kakwani 和 Son（2002）将 PPGR 扩展，提出贫困等值增长率（PEGR）的概念。贫困等值增长率公式为 $PEGR = \gamma^* = PPGR * \gamma$，其中 γ 是平均收入增长率，PPGR 就是上面提到的益贫式增长指数。虽然益贫式增长指数 PPGR 反映了穷人和非穷人之间的收益分配，但是它没有考虑实际收入增长率。我们注意到收入增长带来了贫困减少，而不平等程度的上升导致了贫困增加。如果经济增长伴随着不平等程度的下降，这意味着增长是益贫的。如果增长过程中不平等程度保持不变，PEGR（γ^*）将和现实经济增长率 γ 的减贫效果相同，如实际经济增长率是 10%，PEGR 是 6%，这表示伴随着不平等增加的 10%的实际经济增长率，与不平等不发生变化的 6%的经济增长率的减贫效果相同。

五、本研究对益贫式增长概念的界定及采用的模型方法

（一）益贫式增长概念的界定

根据以上讨论，本研究同时采用弱绝对、相对和强绝对益贫式增长定义测度中国益贫式增长，这样能更全面地反映中国收入、教育、健康益贫式增长的程度和状态。以上定义都要求明确贫困线，强绝对益贫式增长的定义很显然在这几种益贫式增长的定义中是最严格的，这就是为什么绝大多数的实证研究和政策研究集中在弱绝对益贫式增长和相对益贫式增长的定义上（OECD，2006）。但是弱绝对益贫式增长和相对益贫式增长的定义忽略了相对不平等程度的下降可能通常伴随着绝对不平等程度的上升，这被许多人看作是不受欢迎的，是社会紧张的重要来源（Atkinson and Brandolini, 2004; Duclos and Wodon, 2004; Klasen, 2004)。实际上，能够导致绝对不平等下降的经济增长尤其具有益贫效果，因此考虑强绝对的概念也很有用。

根据上述概念，本书将益贫增长和益贫增长率定义如下：

(1) 益贫增长是指贫困人口在经济增长中受益的速度高于社会平均水平。

(2) 由收入十五等份数据计算的收入增长率均值，为社会平均增长率；贫困人口收入增长率的均值，为益贫增长率。

(二) 益贫式增长判断的模型方法

1. FGT 贫困指数

Foster、Greer 和 Thorebecke (1984) 提出了 FGT 指数，用于测度贫困的状态。其一般的连续形式为：

$$P_a = \int_0^z (\frac{z-y}{z})^\alpha f(y)\,dy \tag{2.1}$$

其中 y 是居民收入，$f(y)$ 是收入分布密度函数，α 可以取很多值，但是最常用的是取 0、1、2。

当 $\alpha=0$ 时，P_0 就是贫困发生率，下文用 H 表示。该指标说明了贫困人口占总人口的比重，它衡量了社会中贫困的广度。

当 $\alpha=1$ 时，P_1 就是贫困差距指标，下文用 PG 表示。该指标用以评估贫困的深度，它是贫困人口的收入或消费与贫困线之间的平均差距，反映了贫困的严重程度。

当 $\alpha=2$ 时，P_2 就是平方贫困距，下文用 SPG 表示。该指标对离贫困线更远的人口在加权时赋予其更大的权重。它用于衡量贫困强度，反映了贫困人口内部收入或消费的不平等状况。

这三个指标联合起来使用，可以全面反映一个国家或地区的贫困水平和特征。

2. 洛伦茨曲线形式的确定

Lorenz 曲线的形状和相对位置的变化可以反映经济增长、贫困和不平等之间的关系。目前拟合洛伦茨曲线的模型主要有两种：一种是 GQ（General Quadratic）模型，由 Villasenor 和 Arnolds（1984，1989）提出；一种是 Beta 模型，由 Kakwani（1980）提出。FGT 指数主要是由洛伦茨曲线计算得来的。

GQ 模型的表达式为：$L(1-L)=a(p^2-L)+bL(p-1)+c(p-L)$ (2.2)

利用该模型计算的洛伦茨曲线和 FGT 公式为

洛伦茨曲线：

$$L(p)=-\frac{1}{2}(bp+e+\sqrt{mp^2+np+e^2}) \quad (2.3)$$

贫困发生率（贫困广度）：

$$H=-\frac{1}{2m}\left(n+r\frac{(b+\frac{2z}{\mu})}{\sqrt{(b+\frac{2z}{\mu})^2-m}}\right) \quad (2.4)$$

贫困差距指标（贫困深度）：

$$PG=H-\frac{\mu}{z}L(H) \quad (2.5)$$

平方贫困距（贫困强度）：

$$SPG=2PG-H-\left(\frac{\mu}{Z}\right)^2\left[aH+bL(H)-\frac{r}{16}\ln\left(\frac{1-\frac{H}{s_1}}{1-\frac{H}{s_2}}\right)\right] \quad (2.6)$$

其中 L 为累计收入比例；p 为累积人口比例；z 为贫困线；μ 为人均收入。

在上述公式中，$e=-(a+b+c+1)$；$m=b^2-4a$；$n=2be-4c$；$r=$

$\sqrt{n^2 - 4me^2}$；$s_1 = \frac{r-n}{2m}$；$s_2 = -(\frac{r-n}{2m})$。

Beta 模型的表达式为：$L(p) = p - \theta p^{\gamma}(1-p)^{\delta}$ (2.7)

利用该模型计算的 FGT 公式为

$$\theta H^{\gamma}(1-H)^{\delta}[\frac{\gamma}{H} - \frac{\delta}{1-H}] = 1 - \frac{z}{\mu} \quad (2.8)$$

$$PG = H - (\frac{\mu}{z})L(H) \quad (2.9)$$

$$SPG = (1-\frac{\mu}{z})[2PG - (1-\frac{\mu}{z})H] + \theta^2(\frac{\mu}{z})^2[\gamma^2 B(H, 2\gamma-1, 2\delta+1) - 2\gamma\delta B(H, 2\gamma, 2\delta) + \delta^2 B(H, 2\gamma+1, 2\delta-1)]$$

其中，$B(k, r, s) = \int_0^k p^{r-1}(1-p)^{\delta-1}dp$ (2.10)

在拟合洛伦茨曲线时，应比较以上两种模型的检验结果，在这两个模型中选定最优模型。在具体计算中，Chen 和 Ravallion 认为应通过比较贫困线以下的那部分洛伦茨曲线的误差平方和来确定是使用 GQ 模型还是使用 Beta 模型。

本研究利用世界银行开发的 POVALL 软件计算 H、PG、SPG 和基尼系数。

3. GIC 曲线及其多维益贫式增长判断

增长发生曲线（GIC）是评估益贫式增长的比较好的方法，它也反映了经济增长过程中收入分配模式的变动情况。GIC 曲线描述了 t-1 时刻和 t 时刻之间每一人口百分位点上收入增长率的变动轨迹。用公式表示如下：

$$y_t(p) = F_t^{-1}(p) = L_t^{'}(p)\mu_t,\ y_t^{'}(p) > 0 \quad (2.11)$$

$$GIC：g_t(p) = \frac{y_t(p)}{y_{t-1}(p)} - 1 \quad (2.12)$$

$$g_t(p) = \frac{L_t^{'}(p)}{L_{t-1}^{'}(p)}(\gamma_t + 1) - 1 \quad (2.13)$$

p 是对应的百分位点，F_t^{-1} 是第 p 个百分位点（收入百分位点）上累积分布函数的反函数，$L_t(p)$ 是洛伦茨曲线［斜率是 $L_t'(p)$］，$\gamma_t = \frac{\mu_t}{\mu_{t-1}} - 1$ 是人均收入或消费的平均增长率（GRIM）。GIC 曲线可以像公式（2.12）那样定义为第 p 个百分位点上的收入增长率，也可以 将公式（2.11）带入公式（2.12）后得到公式（2.13）。

公式（2.13）中，如果所有百分位点上的增长率相等，洛伦茨曲线不发生变动，不平等程度保持不变，对于所有的 p，$g_t(p) = \gamma_t$；若 $\frac{y_t(p)}{\mu_t} > \frac{y_{t-1}(p)}{\mu_{t-1}}$，则有 $g_t(p) > \gamma_t$，对于所有的 p，$g_t(p)$ 是减函数，相对不平等程度下降。

只有当 GIC 曲线有非常明确的趋势时，利用其判断增长是否益贫时才不要求使用贫困线。但是一般情况下 GIC 曲线在不同的百分位点上有不同的斜率，而且正负斜率有可能随着百分位点的不同而不断转化，因此仅凭 GIC 曲线无法做出明确判断。为了解决这个问题，Ravallion 和 Chen（2004）提出益贫式增长率（PPGR），通过计算初始时期贫困线以下 GIC 曲线的面积，即穷人的收入增长率作为辅助判断。如果益贫式增长率高于平均增长率（GRIM），则增长是益贫的。

Ravallion 和 Chen（2003）根据 GIC 曲线定义的益贫式增长率（PPGR），也就是贫困线以下 GIC 曲线下的面积。

PPGR 定义为：

$$PPGR_t = g_t^p = -\frac{dW_t}{dt} = \frac{1}{H_{t-1}} \int_0^{H_{t-1}} g_t(p)\, dp \tag{2.14}$$

其中，$W_t = \int_0^{H_t} \log[\frac{z}{y_t(p)}]\, dp$ 是 Watts 贫困指数，z 是贫困线，H_t 是 t 时刻的贫困发生率。

PPGR 反映了贫困人口的收入平均增长率。PPGR 是对 GIC 曲线的补充，当 GIC 曲线对结果无法做出明确判断时，可以通过 RPPG 来判断。如果 GIC 曲线在 H_{t-1}之前变换符号，则不能仅凭 GIC 曲线判断增长是否是益贫的。在这种情况下，可以使用 RPPG 判断，如果 $PPGR_t>0$，增长是弱绝对益贫的，如果 $PPGR_t<0$，则不是。

为了考察增长在相对意义上是否是益贫的，可以对比 PPGR 与总的收入平均增长率（GRIM）。GRIM 定义为：

$$GRIM = \frac{\mu_t}{\mu_{t-1}} - 1 \tag{2.15}$$

其中 μ 表示总人口的平均收入。如果 PPGR 大于 GRIM，即穷人收入平均增长率大于总的收入平均增长率，则增长在相对意义上是益贫的。

将 GIC 曲线引入非收入指标益贫式增长的测度，考察整个收入分布上非收入福利指标的绝对变动及其分配状况很有意义。Klasen（2005）、Grosse 等（2008）以玻利维亚为例，将收入益贫式增长的测度方法 GIC 曲线扩展到非收入指标，提出了非收入增长发生曲线（NIGIC）。

为了考察强绝对意义上的益贫式增长，我们必须关注两个不同时期（$t-1$，t）不同的人口百分位数上收入的绝对变动。定义绝对 GIC 如下：

$$GIC_{absolute} = y_t(p) - y_{t-1}(p) \tag{2.16}$$

它表示每一百分位点上收入的绝对变化。如果绝对 GIC 是负斜率，表示强绝对益贫式增长。根据绝对 GIC，定义益贫式变动（PPCH），它是直到贫困发生率（H）的 GIC 曲线下的面积，PPCH 表示为

$$PPCH = c_t^p = \frac{1}{H_{t-1}} \sum_{i=1}^{H_{t-1}} c_{it}(p) \tag{2.17}$$

PPCH 表示穷人收入的平均变动。

为比较增长是否在强绝对意义上益贫，设总人口平均收入的变动为：

$$CHIM = \mu_t - \mu_{t-1} \tag{2.18}$$

当 PPCH 大于 CHIM，即穷人平均收入的增加大于总体平均收入的增加，表示增长在强绝对意义上是益贫的。

第三部分　新疆经济增长、多维贫困和不平等现状分析

一、新疆经济增长现状分析

（一）新疆经济增长与国内其他地区的比较

1. 新疆经济增长总量与国内其他地区的比较

自2000年以来，新疆经济经历了一个快速增长的过程。新疆地区生产总值从2000年的1 363.56亿元增加到2014年的9 273.46亿元，年均增长14.7%；新疆人均生产总值从2000年的7 372元增加到2014年的40 648元，年均增长13.0%。从表3-1来看，虽然新疆经济增速较快，但是与其他省份相比，其地区生产总值总量一直偏小。2003年，新疆地区生产总值在全国排名为25位，2014年仍然排名第25位；2003年，新疆地区生产总值仅为全国排名第一的广东省地区生产总值的13.96%，到2014年减少到为广东省的13.7%。

人均地区生产总值更能够直观反映一个国家或地区的真实实力，它本

身具有社会公平的含义。2003 年，在全国 31 个省、市、自治区、直辖市中，新疆人均生产总值排名第 12 位，其人均地区生产总值高出全国平均水平 664 元；2014 年名次有所下降，排名第 16 位，其人均地区生产总值低出全国平均水平 6 004 元，差距十分明显。这说明新疆虽然在经济发展方面有很大的进步，但是真正的经济实力有待进一步提高。

表 3-1　　2003—2014 年各省区地区生产总值比较

	2003		2014		2003		2014	
	地区生产总值（亿元）	位次	地区生产总值（亿元）	位次	人均地区生产总值（元）	位次	人均地区生产总值（元）	位次
全国	116 898	–	636 463	–	9 046	–	46 652	–
北京	3 612	15	21 331	13	24 807	2	99 995	2
天津	2 387	22	15 723	17	23 609	3	105 202	1
河北	7 095	5	29 421	6	10 482	11	39 984	18
山西	2 446	20	12 759	24	7 380	17	35 064	24
内蒙古	2 093	24	17 770	15	8 794	15	71 044	6
辽宁	6 003	8	28 627	7	14 258	8	65 201	7
吉林	2 522	18	13 804	22	9 326	13	50 162	11
黑龙江	4 433	13	15 039	20	11 620	10	39 226	20
上海	6 251	7	23 561	12	36 533	1	97 343	3
江苏	12 452	2	65 088	2	16 813	6	81 874	4
浙江	9 200	4	40 154	4	19 658	4	72 967	5
安徽	3 973	14	20 849	14	6 198	27	34 427	26
福建	5 242	11	24 056	11	15 028	7	63 472	8
江西	2 830	16	15 709	18	6 653	23	34 661	25
山东	12 430	3	59 427	3	13 622	9	60 879	10
河南	7 026	6	34 939	5	7 268	19	37 073	22
湖北	5 396	10	27 367	9	8 990	14	47 124	13

表3-1(续)

	2003		2014		2003		2014	
	地区生产总值（亿元）	位次	地区生产总值（亿元）	位次	人均地区生产总值（元）	位次	人均地区生产总值（元）	位次
湖南	4 634	12	27 049	10	6 954	21	40 287	17
广东	13 450	1	67 792	1	16 910	5	63 452	9
广西	2 733	17	15 673	19	5 627	28	33 090	27
海南	678	28	3 501	28	8 354	16	38 924	21
重庆	2 250	23	14 265	21	7 189	20	47 859	12
四川	5 456	9	28 537	8	6 272	26	35 128	23
贵州	1 344	26	9 251	26	3 474	31	26 393	31
云南	2 459	19	12 815	23	5 619	29	27 264	29
西藏	185	31	921	31	6 837	22	29 252	28
陕西	2 399	21	17 690	16	6 500	25	46 929	14
甘肃	1 301	27	6 835	27	4 998	30	26 427	30
青海	390	29	2 301	30	7 307	18	39 633	19
宁夏	385	30	2 752	29	6 636	24	41 834	15
新疆	1 878	25	9 274	25	9 710	12	40 648	16

资料来源：《新疆统计年鉴》（2002，2015）

2. 新疆经济增长速度与国内其他地区的比较

从表3-2来看，按现价计算，2003—2014年，新疆地区生产总值增长速度虽然达到了15.62%，但是仍低于全国平均水平（16.66%）近1个百分点，在31个省、市、自治区、直辖市中，与全国排名第一的内蒙古相差近10个百分点，排名全国第24位。新疆人均生产总值增长速度为13.90%，低于全国平均水平（16.08%）近2.2个百分点，与全国排名第一的内蒙古相比，相差近7个百分点，排名全国第25位。因此，与全国其他地区相比，新疆经济增长速度并不高，从而导致其经济总量一直排名靠后。

表 3-2　　2003—2014 年全国各省区经济增长速度比较

	现价地区生产总值增长速度（%）	位次	现价人均地区生产总值增长速度（%）	位次
全国	16.66	–	16.08	–
北京	17.52	7	13.51	26
天津	18.69	5	14.55	22
河北	13.80	29	12.94	27
山西	16.20	17	15.22	18
内蒙古	21.46	1	20.92	1
辽宁	15.26	26	14.82	20
吉林	16.71	12	16.53	11
黑龙江	11.75	31	11.69	30
上海	12.82	30	9.32	31
江苏	16.22	16	15.48	16
浙江	14.33	28	12.66	29
安徽	16.27	13	16.87	9
福建	14.86	27	13.99	24
江西	16.86	11	16.19	14
山东	15.29	25	14.58	21
河南	15.70	23	15.97	15
湖北	15.91	20	16.25	13
湖南	17.40	9	17.32	7
广东	15.84	21	12.77	28
广西	17.21	10	17.47	6
海南	16.10	19	15.02	19
重庆	18.28	6	18.81	4
四川	16.23	15	16.96	8
贵州	19.17	4	20.24	2

表3-2(续)

	现价地区生产总值增长速度（%）	位次	现价人均地区生产总值增长速度（%）	位次
云南	16.19	18	15.44	17
西藏	15.73	22	14.13	23
陕西	19.92	2	19.69	3
甘肃	16.28	14	16.34	12
青海	17.51	8	16.62	10
宁夏	19.58	3	18.22	5
新疆	15.62	24	13.90	25

（二）新疆内部不同区域间经济增长的差异分析

如前所述，改革开放以来，新疆的整体经济实力明显提高，但由于自然基础、资源禀赋、历史文化等条件的差异，新疆各地区的经济发展在空间上呈现出不均衡性，这种不均衡性既体现在东疆、南疆、北疆三大区域之间，也体现在区域内各县市之间。新疆经济发展的不均衡的趋势和程度，可以利用Theil指数和离散系数来理解。

1. Theil指数分析

Theil指数是用于分析区域之间和区域内部经济差异变化的指标。其计算方法如下：

$$T = \sum (g_i/G) \times \log[(g_i/G)/(p_i/P)]$$

式中，T为Theil指数，测度新疆区域经济总体差异；g_i为第i个区域的地区生产总值，p_i为第i个区域的人口数；G为新疆地区生产总值；P为新疆的人口数。对Theil指数进行分解，得到如下计算公式：

$$T = T_b + T_w = T_b + \sum G_i T_{w(i)}$$

$$t_b = \sum G_i \times \log(G_i/P_i)$$

$$T_{w(i)} = \sum (g_j/G_i) \times \log[(g_j/G_i)/(p_j/P_i)]$$

$$G_i = \sum g_j, \ j \in i; \ i=1, 2, \cdots, 6$$

$$P_i = \sum p_j, \ j \in i; \ i=1, 2, \cdots, 6$$

式中，T_b为区际差异，T_w为区内差异，是各区域内部差异 $T_{w(i)}$ 的加权和；G_i为第 i 个区域地区生产总值占新疆的份额；P_i为第 i 个区域人口占新疆的份额；g_j为第 j 个区域地区生产总值占新疆地区生产总值的份额；p_j为第 j 个区域人口占新疆人口的份额。

计算结果表明（如表 3-3 所示），2000—2014 年三大地区之间的经济差异相对较小，大体上有上升势头，但是变动趋势缓慢，对新疆整体差异贡献不大，这表示北疆、东疆与南疆的差距有拉大的势头。三大地区内部的差异尤其是北疆和南疆各自内部的差异对新疆的经济差异贡献最大，区域内差异的变动导致了新疆整体差异的大幅度变动。对于北疆、东疆、南疆三大地区，区域经济发展差异变化最平稳的是东疆，泰尔指数的波动范围非常小。变动幅度最大的地区为南疆，只有个别年份除外。北疆的泰尔指数由 2000 年的 0.213 上升到了 2006 年的 0.294，而后又下降到了 2014 年的 0.183。东疆内部各县（市）发展差异相对较小，对整体的贡献率最低且贡献率有下降的趋势。在考察年份内，与东疆相比，北疆和南疆内部差异比较显著，尤其是北疆地区内部差异各年份均高于南疆内部差异。此外，北疆内部经济差异还左右着新疆的整体差异水平。北疆和南疆内部差异均在 2006 年左右达到了最大值，而后又趋于下滑。总体来说，北疆内部差异有降低的趋势，但是南疆经济发展差异随着时间的推移有变大的趋势；北疆内部差异对新疆整体经济发展差异的贡献率呈逐年降低趋势，而南疆内部差异对新疆整体的贡献率上涨趋势非常显著。虽然北疆内部差异对全疆贡献率最大，但是，南疆地区的上升趋势也必须引起我们的注意。造成这一趋势的主要原因是新疆“一圈、多群、三轴、一带”的整体发展规划，北疆作为全疆经济中心，天山北坡经济带作为新疆发育最完善的经济带和新疆的经济发展轴带，其经济“溢出效应”显著，对其“外围”地区的带动也十分强劲。尤其是近些年以来北疆连续构建了乌昌都市区、伊犁河谷城镇群、博州城镇群、“奎克乌”城镇群及阿勒泰-北屯-福海城镇群。这些城镇群具有圈群集聚特征，作为增长极镶嵌在整个北疆地区，对于缩小地区差异起了重要的作用。但是由于原有经济发展水平的影响，这些组群及其附属县（市）的发展水平差异还是较大，这也是北疆内部差异依旧是新疆内部发展差异首要影响因素的原因。南疆地区由于天山北坡产业带的形成以及重点建设“库尔勒-库车-阿克苏-阿图什-喀什”这一轴带，使得南疆地区差异呈现了上升的趋势。

表 3-3　　新疆区域经济发展差异的泰尔指数分解

年份	北疆		东疆		南疆		三大地区间		新疆
	泰尔指数	比重（%）	泰尔指数	比重（%）	泰尔指数	比重（%）	泰尔指数	比重（%）	
2000	0. 213	47. 865	0. 014	3. 146	0. 131	29. 438	0. 087	19. 551	0. 445
2001	0. 225	50. 111	0. 015	3. 341	0. 119	26. 503	0. 091	20. 267	0. 449
2002	0. 211	50. 000	0. 011	2. 607	0. 11	26. 066	0. 090	21. 327	0. 422
2003	0. 253	53. 151	0. 013	2. 731	0. 118	24. 79	0. 093	19. 538	0. 476
2004	0. 282	54. 335	0. 013	2. 505	0. 128	24. 663	0. 096	18. 497	0. 519
2005	0. 292	53. 775	0. 015	2. 762	0. 149	27. 44	0. 087	16. 022	0. 548
2006	0. 294	52. 406	0. 016	2. 852	0. 167	29. 768	0. 084	14. 973	0. 561
2007	0. 267	50. 857	0. 014	2. 667	0. 159	30. 286	0. 085	16. 101	0. 525
2008	0. 283	51. 832	0. 013	2. 381	0. 162	29. 67	0. 088	16. 117	0. 546
2009	0. 191	47. 870	0. 004	1. 003	0. 118	29. 574	0. 086	21. 554	0. 399
2010	0. 229	51. 693	0. 003	0. 677	0. 117	26. 411	0. 094	21. 219	0. 443
2011	0. 211	48. 284	0. 004	0. 915	0. 128	29. 291	0. 095	21. 739	0. 437
2012	0. 184	46. 701	0. 004	1. 015	0. 116	29. 442	0. 09	22. 843	0. 394
2013	0. 181	46. 303	0. 003	1. 004	0. 114	29. 395	0. 093	22. 786	0. 391
2014	0. 183	45. 932	0. 003	0. 983	0. 116	29. 412	0. 091	22. 857	0. 393

2. 离散系数分析

离散系数是衡量各观察值变异程度的指标，计算公式为 $s = \sigma/\bar{x}$。其中 σ 表示变量观测值的标准差，$\bar{x}$ 表示该变量观测值的均值。在本书中它用于描述新疆南北疆及东疆内部差异的变动趋势。

根据表 3-4 可知，2001 年以来，北疆地区生产总值对全疆贡献最大，其内部经济差异也最大，2014 年达到了 65%；东疆内部差异较小，其地区生产总值所占份额也最小，2014 年达到了 7%。总体来看，南北疆之间及其内部经济发展差异在不断增加。伴随着经济的高速发展，南北疆之间、区域之间发展的不平衡性成为新疆经济增长的重要特征。

表 3-4　2001—2014 年新疆不同区域离散系数及地区生产总值所占份额

年份	离散系数				地区生产总值所占份额（%）		
	总体	北疆内部	南疆内部	东疆内部	北疆	南疆	东疆
2001	0. 85	0. 88	0. 70	0. 45	0. 64	0. 28	0. 08
2002	0. 86	0. 89	0. 71	0. 41	0. 64	0. 28	0. 08
2004	0. 89	0. 88	0. 77	0. 42	0. 66	0. 27	0. 07
2005	0. 90	0. 87	1. 00	0. 38	0. 69	0. 23	0. 08
2006	0. 91	0. 86	1. 04	0. 44	0. 69	0. 23	0. 08
2007	0. 92	0. 89	1. 03	0. 43	0. 69	0. 23	0. 08
2008	0. 91	0. 90	0. 91	0. 32	0. 65	0. 27	0. 07
2009	0. 89	0. 88	0. 79	0. 12	0. 66	0. 28	0. 06
2010	0. 89	0. 87	0. 79	0. 06	0. 67	0. 27	0. 06
2011	0. 91	0. 90	0. 80	0. 00	0. 66	0. 27	0. 06
2012	0. 91	0. 91	0. 77	0. 07	0. 66	0. 28	0. 06
2013	0. 88	0. 89	0. 75	0. 17	0. 65	0. 28	0. 07
2014	0. 89	0. 90	0. 74	0. 30	0. 65	0. 28	0. 07

注：数据根据历年《新疆统计年鉴》整理计算得到；《新疆统计年鉴》未给出 2003 年的分地区数据

新疆区域间经济发展差异性较大是导致地区之间和城乡之间居民收入、健康、教育等资源分配不均等的重要原因。要缩小新疆内部各区域的发展差异，未来必须将主要工作落实到扭转北疆和南疆内部差异上来，尤其是加快落后地区的经济增长。北疆作为新疆经济发展核心地带，对整个新疆经济发展起着至关重要的作用，因此天山北坡经济带对北疆西、北部地区，如阿勒泰、塔城、博乐地州的沿边高寒地带的带动还需加强。与此同时，加快构建南疆发展增长轴带，扩大经济轴带溢出效应，积极培育以南疆地区的喀什、和田、阿克苏为中心的增长极点，对于扭转南疆区域差异不断扩大的趋势有着重要意义。

二、新疆收入贫困和不平等现状分析

（一）新疆城镇收入贫困和不平等现状分析

新疆是国家扶贫开发重点省区之一，长期以来农村贫困问题备受关注，政府制定的各项反贫困政策也主要围绕着如何消除农村贫困展开，实际上新疆城镇也存在数量庞大的贫困人口。20 世纪 90 年代以前，城镇贫困人口主要由“三无”人口（无劳动能力、无经济来源以及无法定的赡养人和抚养人）构成，由于这部分人口所占比重很小，所以长期被政策制定者和学术界所忽视。20 世纪 90 年代，城市经济体制改革和国有经济重组导致大量的城镇职工下岗，其中很大一部分劳动者因为人力资本和其他禀赋条件不足而难以再就业。与此同时，计划经济时代以单位为主体的福利机制开始瓦解，而相应的社会保障机制还未完善，从而形成了大量的城市贫困群体。此外，随着农村人口向城镇迁移成为一个普遍现象，迁移人口的贫困程度对城镇贫困也产生着重要影响。这种新的城镇贫困与传统的“三无”人员城市贫困有着显著区别，它是制度变迁和社会转型的产物。这些贫困人口中的大部分人有劳动能力和劳动意愿，但是没有就业机会。

新疆作为社会经济发展落后的地区，城镇贫困具有其特殊性。目前新疆的城镇贫困人口主要由失业人员（登记和未登记）、灵活就业人员、在职职工、老年人和在校生构成。2013 年，新疆城镇享受最低生活保障的人口中登记和未登记的失业人员所占比重达到了 37.8%（中国民政部，2014），形成了贫困人口的主体。由此可见，就业不足是新疆城镇贫困的最主要原因。新疆城镇贫困人口在 14 个地州市都有分布，呈现出总体分散、局部集中的特点，贫困程度从北疆、东疆到南疆呈不断加深趋势，呈现出较强的民族性特征。新疆城镇贫困人口主要集中在南疆的喀什、和田、克州以及北疆的阿勒泰地区、博尔塔拉蒙古自治州，这些地区的居民以少数民族为主，贫困人口和少数民族人口重合性高，贫困问题和少数民族问题交织在一起，加剧了城镇减贫的复杂性。

新疆不同地区的贫困程度与各地区社会经济发展程度、工业化程度、地理环境密切相关。乌鲁木齐、克拉玛依是新疆工业化程度较高的城市，属于新疆工业发展的龙头区域；昌吉州毗邻乌鲁木齐，多年来借助区位优势获得了较好发展。这三个地区凭借良好的社会经济发展条件及优越的地理位置创造出大量的就业岗位，使当地贫困程度始终保持较低水平。阿勒泰和博州属于北疆边境高寒贫困牧区，自然灾害频发，扶贫难度很大。克州、和田、喀什自然条件恶劣，基础设施薄弱，远离中心城市，工业化程度很低，2013 年这三个地州规模以上工业增加值之和占全疆总额不到 1%，当地经济创造就业岗位的能力极为有限，是新疆少数民族贫困人口最多、面积最大、集中连片的贫困地区。

国内针对新疆城镇贫困问题的研究不多，相关研究几乎一致认为，现阶段新疆城镇贫困问题成因复杂，除了城市经济体制改革、社会保障制度不健全、自然生态环境恶劣、社会经济发展落后等重要因素外，人文因素对城镇问题的影响也不可忽视。新疆城镇贫困人口主要以受教育程度低下的少数民族为主，传统的生活方式和价值观念导致他们创新意识和迁移意识薄弱。文化差异、饮食差异、语言差异和宗教信仰差异等因素使得他们不愿意离开本土去竞争和冒险，因此，改变自身贫困的愿望不强烈。总的来说，新疆城镇贫困人口受制于恶劣的自然生态环境、落后的受教育水平和本民族的文化特征，在劳动力使用和家庭生产投资方面很难实现资源的合理配置。在新疆城镇反贫困中应充分考虑民族贫困的复杂特征，采取综合而又有针对性的扶贫政策。

1. 数据来源与贫困线的确定

由于新疆城镇居民住户调查数据无法获得，本书采用《新疆统计年鉴》中各年份的城镇居民七等份收入分组数据测度各年份新疆城镇贫困指数。

贫困线是划分穷人和非穷人的基本标准，在实际应用中，贫困线可分为绝对贫困线和相对贫困线两种。绝对贫困线是维持基本生存所需要的收入或消费水平，常用的确定方法主要有马丁法、食物支出份额法、预算标准法等；相对贫困线的确定主要采用收入比例法，最常用的是国际贫困线法，即把社会平均可支配收入的50%或60%作为贫困线。本研究把城镇居民人均可支配收入的50%作为贫困线来测度新疆城镇的相对贫困程度。

2. 新疆城镇 FGT 贫困指数变动

根据前面的分析框架和计算模型，得到2002—2014年新疆城镇洛伦茨曲线形式和相应的FGT贫困指数、基尼系数，如表3-5所示。

表3-5　2002—2014年新疆城镇FGT贫困指数及基尼系数变动　单位:%

年份	模型形式	贫困规模 H	贫困深度 PG	贫困强度 SPG	GINI 系数
2002	GQ	15.09	5.48	2.87	30.85
2003	BETA	12.41	3.68	1.96	28.27
2004	BETA	13.93	4.46	2.5	29.12
2005	GQ	16.11	5.09	2.26	29.97
2006	BETA	13.54	4.03	2.14	29.08
2007	BETA	11.52	3.73	2.27	27.43

表3-5(续)

年份	模型形式	贫困规模 H	贫困深度 PG	贫困强度 SPG	GINI 系数
2008	GQ	15. 66	5. 65	2. 89	30. 42
2009	BETA	13. 47	4. 17	2. 23	30. 23
2010	BETA	13. 52	4. 44	2. 57	30. 32
2011	BETA	13. 2	4. 08	2. 14	29. 77
2012	BETA	10. 74	3. 13	1. 62	26. 72
2013	GQ	10. 97	2. 85	1. 64	26. 3
2014	GQ	11. 91	2. 92	0. 99	24. 58

注：数据根据历年的《新疆统计年鉴》相关数据计算得到

从表 3-5 来看，2002—2014 年新疆城镇贫困变化呈波浪起伏状态，贫困规模和贫困深度的峰顶在 2002 年、2005 年、2008 年，贫困强度的峰顶在 2002 年、2004 年、2008 年。这三个指数均在 2012 年下降至历史最低水平，分别为 10. 74%、3. 13%、1. 62%。从各年份 FGT 贫困指数的变动趋势来看，新疆城镇的贫困规模、深度和强度的变化方向一致，变动幅度不同。即当城镇贫困规模扩大的同时，贫困的深度和贫困人口内部的不平等程度也在加深，反之亦然。从 2002—2014 年新疆城镇的减贫成果来看，城镇贫困规模的下降幅度最大，下降了 3. 18%；贫困强度下降幅度最小，下降了 1. 88%。

反映城镇居民收入不平等程度的基尼系数从 2002 年的 30. 85%下降至 2007 年的 27. 43%，随后反弹至 2008 年的 30. 42%。2008—2010 年变化很小。2010 年以后，全国 18 个省的援疆工作和民生工程初显成效，新疆城镇的基尼系数下降幅度较大，2014 年达到了自 2002 年以来的历史最低水平 24. 58%。实际上，2002 年以来，新疆城镇的基尼系数始终在 31%以下，按照联合国有关组织的划分标准，新疆收入分配属于相对比较合理的范围。新疆城镇基尼系数较低主要有以下两个原因：（1）新疆城镇居民整体收入水平较低，不同收入群体之间的收入差距也相对较低。2013 年，新疆城镇居民人均可支配收入 19 873.8 元，在全国 31 个省市自治区中排名倒数第 4，仅为全国平均水平的 73.7%；同年，新疆城镇最低收入组人均可支配收入与最高收入组收入之比为 1：6.27，低于全国平均水平（约为 1：7.8）。（2）新疆城镇居民低收入群体的人均可支配收入增长速度较快。2002—2010 年，最低收入群体的年人均可支配收入年均增长为 13.7%，最高收入群体为 9.2%；2010—2014 年最低收入群体的人均可支配收入年均增长达到了 17.41%，最高收入群体年均增长 5.6%。也就是说，2002 年以来，新疆城镇最低收入群体的收入增长速度一直快于最高收入群体，且 2010 年以后有加速趋势。高低收入群体的收入差距不断缩小，从而使得新疆城镇基尼系数偏低。

3. 新疆城镇贫困的影响因素分析

根据表 3-6，分阶段来看，2002—2005 年的分析结果表明：（1）这段时期，经济增长对降低贫困发生率的作用较为明显，收入分配的改善对降低贫困的严重程度，尤其是贫困人口内部的不平等程度效果良好，贫困线的上升导致贫困发生率提高了 1.98%，贫困深度提高了 0.72%，但是对贫困人口内部不平等程度的影响作用有限。（2）经济增长和贫困线的变动对贫困发生率的影响最大，对贫困强度的影响最小；收入分配对贫困发生率的影响最小，对贫困强度的影响最大。

2005—2010 年的分析结果表明：（1）经济增长降低贫困发生率、贫困深度、贫困强度的作用依次减弱，收入分配的变动改善了贫困发生率和贫困深度，但是贫困强度有所恶化；（2）经济增长对贫困规模、深度和强度的影响均超过了收入分配的影响；（3）贫困线的变动对贫困发生率、贫困深度和贫困强度的负面影响依次下降；（4）贫困线的上升导致贫困发生率上升了 18.04%，几乎抵消了经济增长的减贫效果，导致贫困深度和贫困强度分别上升了 5.63%和 1.29%。

2010—2014 年的分析结果表明：（1）经济增长和收入分配的改善均不同程度降低了 FGT 贫困指数，经济增长降低贫困发生率和贫困深度的效果好于收入分配，收入分配降低贫困强度的效果最好；（2）贫困线的上升不同程度提高了 FGT 贫困指数（贫困发生率增加的幅度最大，贫困强度增加的幅度最小），但是它对贫困程度的影响小于经济增长带来的积极影响；（3）这段时期是贫困发生率、贫困深度和贫困强度下降幅度最大的一个时期，新疆城镇贫困规模、贫困严重程度和贫困人口内部不平等的程度均得到了明显改善。

2002—2014 年的分析结果表明：（1）经济增长和收入分配的改善均降低了 FGT 贫困指数，其中经济增长降低贫困发生率 32.23%，贫困深度 8.96%，远远超过了收入分配的改善对这两个指标的影响；而收入分配的改善对降低贫困强度作用比较明显。（2）这十年来，经济增长降低贫困规模的效果最为显著，收入分配的改善降低贫困强度的幅度最大；贫困线的上升所导致的贫困发生率和贫困深度的上升几乎抵消了经济增长降低这两个指标的积极影响，而贫困线的上升所导致的贫困强度的上升几乎抵消了收入分配的改善降低贫困强度的积极作用。所以，从长期来看，贫困线的上升是新疆城镇贫困程度下降幅度较小的一个重要原因。

无论是短期还是长期，城镇经济增长降低贫困发生率的作用显著，而收入分配对贫困人口内部不平等程度变动的影响最大。除了 2002—2005 年新疆城镇收入分配的恶化导致了贫困发生率的上升，其他时间段新疆城镇收入分配的改善均降低了贫困发生率、贫困深度和贫困强度。贫困线的上升不同程度地增加了贫困规模、深度和强度，它对 FGT 贫困指数的负面影响几乎与经济增长对 FGT 指数的积极影响相当；它对贫困发生率的影响最大，对贫困深度的影响其次，对贫困强度的影响最小。贫困线是区分穷人和非穷人的分界线，贫困线的上升虽然加深了贫困程度，但是更多的低收入群体被划入贫困人口中，从而得到扶贫优惠政策的关注。

表 3-6　　2002—2014 年新疆城镇贫困指数分解　　单位:%

	总变动	经济增长因素	收入分配因素	贫困线变动因素
2002—2005				
ΔH	1.02	-1.31	0.35	1.98
ΔPG	-0.39	-0.47	-0.64	0.72
ΔSPG	-0.61	-0.02	-0.85	0.26
2005—2010				
ΔH	-2.59	-19.90	-0.73	18.04
ΔPG	-0.65	-6.24	-0.04	5.63
ΔSPG	0.31	-1.37	0.39	1.29
2010—2014				
ΔH	-2.78	-7.68	-2.24	7.14
ΔPG	-1.31	-2.42	-1.31	1.83
ΔSPG	-0.95	-0.81	-1.00	0.84
2002—2014				
ΔH	-4.35	-32.23	-3.28	31.16
ΔPG	-2.35	-8.96	-1.86	8.46
ΔSPG	-1.25	-1.26	-1.64	1.65

4. 结论与建议

根据上文对新疆城镇贫困现状的分析，可以得出以下结论：

（1）2002—2014 年新疆城镇 FGT 贫困指数和反映收入不平等的基尼系数总体上呈下降趋势，2010 年以后下降速度尤为明显，并在 2012 年达到了历史最低水平。此时不同收入群体的收入分配比较合理，穷人内部不平等的程度也有明显改善。

（2）从新疆城镇 FGT 贫困指数的分解结果来看，2002—2014 年，新疆城镇贫困规模的下降主要得益于新疆经济的快速增长。由于城镇收入分配总体上在不断改善，因此在多数时间段内，它对减贫的作用是积极的，但是它降低贫困发生率的效果远低于经济增长的效果，在大多数时间段内降低贫困深度的效果也不如经济增长效果，不过它降低贫困强度的效果最好。由此可见，经济增长是降低贫困规模和贫困严重程度最有效的工具，而改善贫困人口内部不平等程度则是收入分配的改善实现效果最好。

贫困线的上升所导致的FGT贫困指数上升的幅度与经济增长降低FGT贫困指数的幅度在多数情况下大致相当，这也是新疆城镇FGT贫困指数下降缓慢的一个重要原因。在这种情况下，新疆城镇收入分配的改善对减贫的积极作用就显得尤为重要。在今后的城镇扶贫工作中应继续重视收入分配的改善，尽量减少其对减贫的不利影响。

（3）从新疆城镇的减贫效果来看，2010年以前，新疆城镇FGT贫困指数下降幅度相对较小，基尼系数总体呈缓慢上升趋势；2010年以后，在保持经济快速增长的同时，得益于援疆建设和大规模的民生工程，新疆城镇低收入群体的收入大幅上升，其增长速度超过了其他收入群体，收入分配向低收入群体倾斜，城镇贫困程度有了明显改善。这说明新疆目前实施的经济增长和对穷人有利的收入分配相结合的反贫困战略效果良好。

从新疆近年来的城镇减贫实践来看，2010年以前，新疆城镇的反贫困战略主要是依靠经济增长的减贫战略，但是效果并不理想。2002—2010年，新疆年均实际增长10.8%，新疆城镇贫困发生率仅下降了1.57%，贫困深度和贫困强度的下降幅度更小。2010—2014年，在保持经济持续增长的同时，新疆民生工程密集推出，涉及交通、住房、卫生医疗、燃气、供水等众多领域，城镇低收入群体从中收益颇多，收入有了明显提高，收入分配不断改善，FGT贫困指数下降较为明显，说明经济增长和对穷人有利的收入分配相结合的反贫困战略在新疆城镇减贫实践中取得了一定成效。在制定未来的反贫困战略时应继续延续这一思路，在保持较快的经济增长速度的同时，也应关注经济增长的质量，加强经济增长的益贫性、益民族性，使贫困人口能够充分参与到经济增长过程中，分享到经济增长的成果。此外，还应充分考虑少数民族地区城镇贫困的特殊性，采取综合性、有针对性的扶贫措施，使城镇少数民族贫困人口在现代化发展与民族传统文化之间找到摆脱自身贫困的最佳途径。

（二）新疆农村收入贫困和不平等现状分析

改革开放 30 多年来，新疆不仅实现了持续高速的经济增长，也实现了大规模的减贫。1978—2014 年，新疆年均经济增长速度达到了 10.5%，高于全国平均水平 0.7 个百分点，经济的快速增长极大地降低了新疆农村贫困。1979—2010 年，新疆持续减贫 841 万人；2010 年以后，随着援疆工作和民生工程的不断推进，新疆农村减贫人数持续下降，“十二五”期间，新疆减少扶贫对象 133.3 万人。这不仅是新疆社会经济发展的重要成果，也为中国的减贫事业做出了巨大贡献。

目前，新疆贫困人口主要集中在南疆三地州和伊犁州、塔城以及阿克苏等集中连片地区，贫困人口主要以少数民族为主，贫困问题和民族问题交织在一起，使得新疆在新阶段的减贫任务变得更加艰巨和复杂。众所周知，经济增长是减贫的最大动力，长期以来，新疆实施的以经济增长为主要手段的开发式扶贫战略取得了良好效果。但是在新的时期，随着新疆减贫形势的日趋复杂，经济增长与减贫的关系不再是简单的正线性相关关系，而是具有了某种复杂性和不确定性；同时，既有的经济增长模式也产生了许多深层次的矛盾亟待解决。过去时期新疆经济增长的减贫效果如何，以及未来时期究竟采用什么样的经济增长模式以实现有效减贫都是值得我们关注的问题。本研究计算 2000 年以来新疆农村的 FGT 贫困指数，并将其影响因素分解为经济增长、收入分配和贫困线的变动，探讨这三个影响因素与新疆农村贫困变动之间的内在关系。并在此基础上寻求有效减贫的经济增长模式，为新时期新疆农村减贫工作提供有价值的参考。

1. 数据来源与贫困线的确定

采用历年来《新疆统计年鉴》提供的农村住户抽样调查，按人均纯收入分 15 等份的收入分组数据计算 FGT 贫困指数，贫困线标准采用国务院扶贫办每年公布的农村绝对贫困线标准。

2. 新疆农村贫困和不平等现状分析

根据前面的分析框架和计算模型，得到 2000—2014 年新疆农村洛伦茨曲线形式和相应的 FGT 指数、基尼系数，如表 3-7 所示。

表 3-7　　　　农村 FGT 贫困指数的变动　　　　单位:%

年份	模型类型	贫困发生率(H)	贫困深度(PG)	贫困强度(SPG)	GINI
2000	GQ	17. 17	4. 61	1. 67	39. 16
2001	GQ	14. 41	3. 71	1. 3	37. 5
2002	GQ	13. 34	3. 42	1. 18	38. 07
2003	GQ	12. 75	3. 11	1. 01	40. 57
2004	GQ	9. 57	1. 96	0. 54	38. 23
2005	BETA	8. 65	2. 29	0. 95	39. 23
2006	BETA	8. 18	2. 88	1. 71	40. 19
2007	BETA	7. 57	3. 08	2. 23	39. 82
2008	BETA	8. 17	4. 43	5. 26	39. 35
2009	BETA	10. 06	3. 95	2. 87	40. 59
2010	BETA	9. 19	5. 39	6. 76	44. 52
2011	BETA	24. 81	11. 03	8. 45	47. 56
2012	BETA	14. 71	6. 87	7. 35	49. 2
2013	GQ	14. 81	6. 56	7. 40	48. 9
2014	BETA	15. 77	9. 35	9. 44	45. 82

从表 3-7 来看，2000—2014 年新疆农村贫困指数（H、PG、SPG）变化均呈波浪起伏状态。贫困发生率在 2000 年至 2007 年之间不断下降，从 2000 年的 17. 17%下降到 2007 年的 7. 57%，下降了 9. 6 个百分点。其中 2004—2007 年仅下降了 2 个百分点，说明这段时间虽然新疆农村贫困人口

数量不断减少，但是减少趋势不断放缓；2007—2011 年新疆农村贫困规模呈上升趋势，上升了 17.24 个百分点，其中 2010 年至 2011 年上升了 15.62 个百分点。这主要是因为我国扶贫标准从 2010 年的 1 274 元大幅提高到 2011 年的 2 300 元，这一新的扶贫标准比 2010 年提高了 80%，新疆农村贫困人口的覆盖面也因此迅速扩大。2011 年以后，由于援疆工作的不断深入以及针对贫困人口的民生工程的推进，贫困规模又迅速下降至 2012 年的 14.71%。从时间上来看，2000 年以来，贫困深度和贫困强度的变化趋势十分相似，这两个指标分别从 2000 年的 4.61% 和 1.67% 下降至 2004 年的 1.96% 和 0.54%，后又分别不断上升至 2011 年的 11.03% 和 8.45%，2011 年以后均开始下降。新疆农村 2014 年的贫困规模与 2001 年时大致相当，但是贫困深度和贫困人口内部的不平等程度都远高于 2001 年。

从各年份 FGT 指数的变动趋势来看，贫困规模在 2007 年达到了自 2000 年以来的历史最小值，贫困深度和贫困人口内部的不平等程度在 2004 年达到了历史最小值。只有 2005—2007 年新疆农村的贫困规模缓慢下降的同时，伴随着贫困深度和贫困强度的缓慢上升，其余时间，新疆农村的贫困规模、深度和强度的变化方向一致，只是变动幅度不同。即当农村贫困面积扩大时，贫困的深度和贫困人口内部的不平等程度也在加深，反之亦然。以上情况说明新疆扶贫开发工作瞄准农村贫困人口的精准性有待进一步提高。

反映农村居民收入不平等程度的基尼系数从 2000 年的 39.16% 持续上升至 2012 年 49.2%，按照联合国有关组织的划分标准，基尼系数低于 0.2 的表示收入绝对平均，0.2~0.3 表示比较平均，0.3~0.4 表示相对合理，0.4~0.5 表示差距较大，0.6 以上表示收入差距悬殊。此外，国际上还把 0.4 作为收入分配差距的“警戒线”。表 3-7 说明由于 2000 年以来新疆农村收入分配的不断恶化，目前农村内部不同群体之间的贫富差距已经比较显著。

贫困与多方面的不平等紧密联系，包括收入、地位、性别、民族和地理位置等。而且不平等表现在多个方面，例如就业、收入、社会服务的获得。导致这些不平等产生的多种原因往往是相互联系的，并且导致发展失衡。第一，它们会加大将贫困人口和弱势群体纳入经济增长过程的难度，不平等限制了他们的生产能力以及可能对发展的贡献。第二，在高度不平等的社会，贫困人口更有可能单纯为生计奔波。这可能会限制国内市场的规模，从而破坏持续增长的潜力。第三，高度连续的不平等可能损害民事、政治和社会权利的实现，助长犯罪率，导致社会不稳定甚至危及国家安全。第四，高度的不平等创造出了维持精英阶层在政治、经济和社会方面特权的体制，并使贫困人口落入贫困陷阱而无法脱离。

为使减贫取得持续性进展，政府需要采取有效的发展政策和再分配政策解决多方面的不平等问题，包括为贫困人口（根据性别、民族和其他相关特征的不同）提供更多的机会获得生产资料；对社会基础设施进行投资，坚持财税改革等。

3. 新疆农村贫困变动的影响因素分析

根据表 3-8，分阶段来看，2000—2005 年的计算结果表明：（1）新疆农村贫困发生率、贫困深度和贫困人口内部的不平等程度均有不同程度下降。其中贫困发生率下降幅度最大（8. 52%），贫困人口内部的不平等程度下降幅度最小（0. 72%）。（2）经济增长导致贫困发生率和贫困深度有不同程度下降，收入分配的恶化和贫困线的上升导致贫困发生率和贫困深度有不同程度上升。经济增长降低 FGT 指数的积极作用超过了收入分配的恶化和贫困线的上升给减贫带来的负面影响，从而导致这段时期贫困指数有不同程度下降。（3）经济增长对贫困发生率的影响最大，对贫困人口内部的不平等程度影响最小；收入分配和贫困线的变动对贫困深度的影响最大，对贫困人口内部的不平等程度的影响最小。

2005—2010 年的计算结果表明：（1）这段时期，新疆农村贫困发生率、贫困深度和贫困强度均有不同程度上升，其中贫困发生率上升幅度最小（0. 54%），贫困人口内部不平等程度上升幅度最大（5. 81%）。（2）收入分配的恶化和贫困线的上升对贫困发生率和贫困深度的负面影响超过了经济增长对它们的正面影响，从而导致这段时期这两个指标的上升。(3)经济增长和贫困线的上升对贫困发生率的影响最大，收入分配的恶化对贫困人口内部的不平等程度影响最大。

2010—2014年的计算结果表明：(1)这段时期，新疆农村贫困发生率、贫困深度和贫困强度均有不同程度上升，其中贫困发生率上升幅度最大(5.52%)，贫困强度上升幅度最小(0.59%)。(2)贫困线的上升对贫困发生率和贫困深度的负面影响超过了经济增长和收入分配的改善对减贫的正面影响，从而导致这一时期贫困指数的上升。(2)经济增长和贫困线的变动对贫困发生率的影响最大，对贫困深度的影响最小。

2000—2014年的计算结果表明：(1)这段时期，新疆农村贫困发生率下降2.46%，其中由于经济增长导致贫困发生率下降46.14%，而收入分配的恶化和贫困线的上升分别导致贫困发生率上升了2.12%和41.56%，经济增长对减贫的积极作用在很大程度上被收入分配的恶化和贫困线的上升所带来的负面影响所抵消。(2)贫困深度增加了2.26%，其中由于经济增长导致贫困深度下降19.6%，由于收入分配的恶化和贫困线的上升导致贫困深度分别增加4.54%和17.31%，经济增长对减少贫困深度的积极作用小于收入分配的恶化和贫困线的上升对贫困深度的不利影响。(3)贫困人口内部的不平等程度上升了5.68%，其中由于经济增长、收入分配的恶化导致贫困人口内部的不平等程度分别上升30.17%和4.83%，而贫困线的上升导致贫困人口内部的不平等程度下降29.35%。经济增长和收入分配的恶化对贫困人口内部的不平等程度的负面影响超过了贫困线的上升对其的积极影响。(4)贫困线的上调导致贫困内部不平等程度下降，这一现象说明了随着贫困线的提高，在收入分配不断恶化的情况下，一部分低收入群体成为贫困人口后，其贫困程度比较严重，从而导致贫困人口内部的收入分配结构发生了变化。

从总体来看，2000年以来，经济增长、收入分配和贫困线的变动对新疆贫困的影响表现为以下几个特征：

（1）经济增长对减少贫困发生率的效果明显，对减少贫困深度的效果其次，对减少贫困人口内部的不平等程度效果最弱。（2）2000 年以后经济增长对降低贫困发生率作用明显，但是随着时间的推移，经济增长的减贫效果在弱化。（3）经济增长对减少农村人口的贫困严重程度有一定的积极作用，但是自 2000 年以后这种积极作用呈下降趋势。（4）2000 年以后，收入分配的恶化和贫困线的提高对减贫的负面影响不断上升，两者共同作用导致新疆农村经济增长的减贫效应下降。（5）2005 年以前，经济增长改善了贫困人口内部的不平等程度；2005 年以后，经济增长增加了贫困人口内部的不平等程度，而且随着时间的推移，这种不平等性有不断加深的趋势。（6）2005 年以后，贫困线的上升导致贫困人口内部的不平等程度下降，说明新疆农村低收入群体一旦陷入贫困，其贫困深度和贫困强度都较为严重，导致贫困人口内部的不平等程度反而缩小。

表 3-8　　2000—2014 年新疆农村贫困指数的分解　　单位:%

	总变动	经济增长因素	收入分配因素	贫困线变动因素
2000—2005				
ΔH	-8.52	-11.68	0.71	0.72
ΔPG	-2.32	-4.38	1.17	0.89
ΔSPG	-0.72	-1.22	-0.15	0.28
2005—2010				
ΔH	0.54	-13.28	0.85	12.96
ΔPG	3.1	-3.54	3.29	3.38
ΔSPG	5.81	0.44	5.87	-0.75
2010—2014				
ΔH	5.52	-9.48	-0.67	15.68
ΔPG	1.48	-3.4	-0.55	4.94
ΔSPG	0.59	1.14	1.99	-2.54

表3-8(续)

	总变动	经济增长因素	收入分配因素	贫困线变动因素
2000—2014				
ΔH	−2.46	−46.14	2.12	41.56
ΔPG	2.26	−19.6	4.54	17.31
ΔSPG	5.68	30.17	4.83	−29.35

4. 结论与思考

2000年以来，新疆农村的减贫速度放缓，在某些时段贫困指数甚至提高了。这主要是由于农村收入分配的不断恶化和贫困线的上升给减贫带来的不利影响使得经济增长的减贫效应大打折扣。贫困线的上调虽然提高了贫困指数，但是大量的低收入群体被纳入扶贫开发范围内并得到了关注。收入分配的恶化则使得贫困群体难以从经济增长中获得更多收益。

值得注意的是，2005年以来，经济增长虽然降低了新疆农村贫困人口的规模和深度，但是加剧了贫困人口内部的不平等程度，说明过去的以经济增长为导向的开发式扶贫战略没有瞄准贫困人口中的那些最贫穷群体。此外，由于贫困线的提高而被新纳入贫困人口的群体贫困的严重程度比较高，这一点表明过去的单纯以经济增长为手段的开发式扶贫战略在新的时期作用有限。

目前，新疆扶贫开发的主战场转移到南疆三地州等连片特困地区，虽然既往的贫困治理实践积累了宝贵的经验，但是这些连片特困地区的减贫工作有其特殊性。这就要求在未来的减贫过程中对既有的减贫模式做出相应调整，不能继续单纯以经济增长为减贫手段，政府制定新的扶贫战略时应注重有利于穷人的收入分配。新时期扶贫开发工作应从强调经济增长转向把经济增长和对新疆农村贫困人口有利的收入分配结合在一起，实施有利于穷人的经济增长战略，提高贫困人口参与经济增长过程的能力，使他们从经济增长中真正获益。

三、新疆非收入贫困和不平等现状分析

（一）新疆教育贫困和不平等现状分析

所谓的教育贫困，是指由于区域性群体和个体的教育受到各种条件限制，造成受教育水平不足而产生的贫困。沈亚芳等（2011）将教育贫困分成三个类型：（1）制度性贫困，即由于社会制度，如教育公共资源分配制度、入学制度等所决定的教育资源在不同区域、不同群体和个人之间的不平等分配造成的贫困；（2）区域性贫困，是指在相同的制度背景下，由于区域经济发展差异造成的贫困；（3）阶层性贫困，是指在相同的制度背景下，在大约同质的空间区域内，某些群体、家庭和个人，由于收入较差、自身文化程度较低等原因，造成竞争有限的教育资源的能力较低，从而处于贫困状态。

从宏观角度上来说，经济贫困和教育贫困紧密相关。人力资本差异或者说教育贫困影响经济增长和收入分配的方式，非均衡的经济增长和收入分配造成教育的区域性贫困和阶层性贫困。

本研究将没有接受过教育的人口视为教育贫困人口。改革开放以来，随着新疆社会经济的不断发展，对教育的投入不断增加，九年义务教育和高等教育取得很大发展，目前新疆受教育的人口占6岁以上人口的比重达到了96.82%，未上过学的人口占3.18%。新疆的教育贫困地区主要是农村。从实际情况来看，教育贫困在城乡之间、农村内部、不同阶层之间广泛存在。

城乡之间、区域之间经济发展的不均衡导致教育机会的不均等，这是新疆教育发展过程中的重要特征之一。中国城乡二元经济的分割、城乡户籍制度的分割导致了新疆城乡教育差距的扩大。此外，人力资本、社会经济发展条件、社会资本等也是导致区域之间和不同阶层之间教育不平等的

重要影响因素。

从新疆教育投入情况来看，新疆的国家财政性教育经费投入占新疆地区生产总值的比例逐年增长，连续高于全国平均水平。2014 年新疆地区生产总值为 9 273.46 亿元，新疆的国家财政性教育投入为 548 亿元，教育投入占新疆地区生产总值比重为 5.91%，而同期全国平均水平为 4.15%。新疆的国家财政性教育经费投入占地区生产总值的比例高于全国平均水平，主要是新疆地区生产总值水平低，数额小，相对来说教育投入比例就高。但是从绝对量来说，相对于发达地区，新疆教育投入总量并不高。2014 年，新疆公共财政教育支出仅是广东的 31%。另外，新疆地处西部边陲，作为一个多民族聚居区，需要推进双语教育，要提高义务教育办学水平、办学条件和教育师资队伍建设以及完善学生资助体系等，更需要加大扶持力度。因此，新疆教育经费的需求比其他省份要多。

从新疆教育经费投入的构成情况可以看出，新疆教育投入的基本特点是：国家财政性教育经费占主要地位，且呈上升趋势；其次为学费和杂费投入，且总体呈下降趋势；然后是其他教育经费投入总体比例不高，且变化趋势不定。社会团体和公民个人办学经费、社会捐资办学经费来源更是匮乏，两者合计不到 1%。可见，新疆教育经费来源的渠道严重匮乏。

根据第六次全国人口普查数据，全疆文盲人口（15 岁及以上不识字的人）为 515 789 人，文盲率为 2.36%。其中南疆西南少数民族区域的文盲、半文盲人口占全疆总人口的 36.08%，是全疆文盲、半文盲人口最多的区域。主要原因是由于区位条件、资源禀赋以及经济发展基础的不同，导致南北疆经济发展水平存在巨大的差异，区域经济发展不协调的矛盾也日渐突出，进而导致人口素质差异明显。

从新疆不同区域受教育程度的差异来看（见表 3-9），根据全国第六次人口普查数据，2010 年，南疆地区各类受教育程度的人口占其 6 岁及以上人口的 96.62%，比 2000 年提高了 8.08 个百分点；未上过学的占 3.38%。北疆地区各类受教育程度的人口占其 6 岁及以上人口的 97.08%，比 2000

年提高了4.04个百分点；未上过学的占2.92%。2010年南疆地区大专以上学历的人口为6.83%，而北疆地区为15.87%。与全疆平均水平（11.6%）相比，南疆地区高文化素质人口低于全疆平均水平，而北疆地区高文化素质人口高于全疆平均水平。北疆地区的地州中，乌鲁木齐市、克拉玛依市、昌吉回族自治州和博尔塔拉蒙古自治州受相对高层次教育（大专及以上）程度的比重高于新疆全区及南北疆的平均水平，尤其乌鲁木齐市、克拉玛依市、石河子市，该比重分别达到了26.15%、23.16%和22.13%；伊犁州直属县（市）、阿勒泰和塔城地区的比重低于新疆全区的平均水平。南疆地区地州大专以上学历的人口中，仅有巴音郭楞蒙古自治州达到12.57%，超过了全疆平均水平，其他南疆地区均未超过全疆平均水平。

表3-9　新疆全区、南北疆以及各地州6岁及以上人口受教育程度构成情况（2010年） 单位：万人,%

地区	受教育程度人口占6岁及以上人口比重	其中：各类受教育程度比重						未上过学
		研究生	本科	大专	高中	初中	小学	
全疆	96.82	0.19	3.77	7.64	12.75	39.6	32.87	3.18
南疆地区	96.62	0.04	1.7	5.09	7.54	43	39.25	3.38
巴音郭楞州	97.74	0.12	3.52	8.93	15.99	39.11	30.07	2.26
阿克苏地区	96.73	0.03	1.66	5.44	7.74	43.57	38.29	3.27
克孜勒苏州	97.86	0.04	2.31	7.66	9.35	34.08	44.42	2.14
喀什地区	95.87	0.03	1.46	3.83	6.13	45.34	39.08	4.13
和田地区	96.93	0.02	0.87	3.94	4.02	42.6	45.48	3.07
其他地区	94.48	0.24	5.57	5.52	9.46	38.8	34.89	5.52
北疆地区	97.08	0.33	5.57	9.97	17.2	36.8	27.22	2.92
乌鲁木齐市	97.37	0.84	10.74	14.57	21.37	30.4	19.45	2.63
克拉玛依市	97.49	0.37	8.64	14.15	22.45	32.61	19.27	2.51
石河子市	95.52	0.86	9.15	12.12	21.44	32.07	19.88	4.48
昌吉州	96.19	0.11	3.69	8.14	15.72	39.54	28.99	3.81

表3-9(续)

地区	受教育程度人口占6岁及以上人口比重	其中：各类受教育程度比重						未上过学
		研究生	本科	大专	高中	初中	小学	
伊犁州直属县（市）	97.34	0.06	2.33	6.82	14.46	38.62	35.35	2.66
塔城地区	96.47	0.04	2	6.5	14.09	44.4	29.44	3.53
阿勒泰地区	98.38	0.04	3.01	8.08	14.24	43.44	29.57	1.62
博尔塔拉州	96.13	0.05	3.22	8.87	15.23	38.75	30.01	3.87
其他地区	94.09	0.29	6.15	8.71	17.93	39.8	21.21	5.91

资料来源：第六次全国人口普查资料

从新疆扶贫开发工作地区户均劳动力受教育程度来看（见表3-10），2006—2010年，新疆扶贫开发重点县和南疆三地州的文盲和半文盲有所上升，重点县高中及以上学历有所下降，而南疆三地州有所上升；2010—2014年，新疆扶贫开发重点县和南疆三地州的文盲和半文盲、高中及以上学历均有有不同程度下降。总的来看，2006—2014年，新疆扶贫开发重点县和南疆三地州的户均劳动力受教育程度没有得到较大幅度的提升。

表3-10　　2006—2014年新疆扶贫开发工作地区户均劳动力受教育程度　　单位：人

受教育程度	2006		2010		2014	
	重点县	南疆三地州	重点县	南疆三地州	重点县	南疆三地州
文盲、半文盲	0.07	0.1	0.17	0.23	0.08	0.10
小学	0.4	0.44	1.14	1.26	0.88	0.99
初中	0.43	0.41	1.5	1.5	1.71	1.74
高中及以上	0.53	0.05	0.39	0.28	0.22	0.16
其中：高中	0.07	0.04	0.29	0.21	0.14	0.11
中专	0.02	0.01	0.07	0.05	0.04	0.03
大专及以上	0.01	-	0.03	0.02	0.03	0.02

资料来源：《新疆调查年鉴》（2007—2015）

（二）新疆健康贫困和不平等现状分析

20世纪80年代初，伴随着经济体制改革的进行，我国卫生事业费从主要由国家承担改为主要由地方政府自行负担。随着市场经济的不断深入，我国财政体制和医疗卫生体制的改革也先后启动，这些改革的一个基本特征是，卫生资源的配置出现了高度的商业化和市场化倾向。伴随着这一过程，政府卫生支出在GDP中所占的比重长期保持在很低水平，在很长时间内甚至下降；同时，社会卫生资源投入也在下降。在卫生总费用中，政府和社会的卫生投入所占比重偏低，意味着卫生费用多由个人直接负担。在二元经济体制下，卫生资源配置“重城轻乡”的政策导致城乡医疗服务体系非均等化发展，产生了巨大的城乡差异和地区差异，导致医疗服务可及性不平等。

根据全国第六次人口普查数据，2010年新疆平均预期寿命为72.35岁，比2000年的67.41岁提高了4.94岁。但与全国相比较，新疆的平均预期寿命低了2.48岁。新疆人口平均预期寿命偏低包含两方面原因：一方面，新疆社会经济条件、卫生医疗水平限制着人们的寿命；另一方面，由于新疆人口自身的体质、遗传因素与生活条件等差异，导致寿命长短与其他地区存在差异。所以不同的社会环境、不同的时期，寿命的长短有着很大的差别。

从婴儿死亡率来看，根据全国第六次人口普查数据，2010年新疆婴儿死亡率为26.58‰，高出全国水平近11个千分点；5岁以下儿童死亡率为31.95‰，较全国的18.4‰高出近14个千分点。由此可见新疆儿童保健工作亟须提高。2010年新疆分地区婴儿死亡率及5岁以下儿童死亡率所占比重较高的地区为和田、喀什、克孜勒苏柯尔克孜自治州、伊犁哈萨克自治州及吐鲁番地区，婴儿死亡率处于16.61‰~25.29‰之间；而5岁以下儿童死亡率最高的是克孜勒苏柯尔克孜自治州，达到31.47‰。早产及低出生体重、肺炎、出生窒息、先天性心脏病仍是5岁以下儿童的主要死因。

从卫生人员数量来看，新疆卫生人员数由 1978 年的 66 252 人上升至 2014 年的 153 417 人，年均增长 2.4%，其增长速度快于全国同期水平（0.4%）。在改革开放初期，新疆卫生人员数占全国卫生人员数的比重仅为 0.84%；此后呈现不断上升趋势，在 2003 年所占比重已经接近 2%；2003 年以后又缓慢下降，2014 年为 1.7%。这说明近几年，新疆相对拥有的卫生资源在减少。

从卫生总费用占新疆地区生产总值的比重来看，2000—2008 年，该指标在 4.6%左右波动；2008 年以后总体呈上升趋势，但是上升幅度很小；2008—2014 年仅上升了约 0.7 个百分点，说明政府对公共卫生和医疗服务的投入有待进一步提高。虽然新疆人均卫生机构床位数逐年上升，每万人拥有的医院、卫生院床位数从 1978 年的 32 张上升到 2014 年的 62 张，但是卫生机构分配不均情况仍然比较严重。2014 年，医院、卫生院占 95%，社区服务中心占 2.4%，其他卫生机构占 2.6%。

从城乡卫生资源的分布来看，在医院床位和专业技术人员的分布上，城市数量明显多于乡镇。以 2000—2012 年的发展情况为例。2000 年，新疆市、县医院床位数差距并不是太大，市和县的医院床位数之比为 1∶1.4；2012 年，两者之比扩大到 1∶2.1，乡镇医院床位数发展速度明显慢于城市。2000—2012 年，县的专业卫生技术人员、执业医师、执业助理医师、注册护士数不升反降；2012 年，县的执业医师、执业助理医师数仅为 2000 年的 61%，专业卫生技术人员数仅为 2000 年的 78%。这说明虽然新疆公共卫生事业不断改善和发展，但城乡卫生资源配置不均等趋势加剧。

从不同地区卫生资源的分布状况来看（见表 3-11），2014 年，每万人拥有的卫生技术人员、医生数及每万人公共卫生机构床位数存在着较大的地区差异，情况最好的是乌鲁木齐市，最差的是喀什地区和和田地区。和田地区每万人拥有的医生数和卫生技术人员数仅为乌鲁木齐的 24.2%和 28.3%，每万人拥有的床位数为乌鲁木齐的 53.2%。从整体来看，北疆地区情况好于东疆，东疆情况好于南疆地区。从总体来看，新疆整体公共卫生与医疗服务的效率仍然不高，公共卫生与医疗服务的体系仍很欠缺，尤其是南北疆发展不均衡，导致部分南疆地区特别是贫困县公共卫生和医疗服务的资源投入较少，与像乌鲁木齐市这样的相对发达城市相比差距太大，城市和乡村发展不均衡现象较为严重。

表 3-11　2014 年新疆各地区每万人拥有的卫生服务资源

地区	每万人拥有的医生数（人）	每万人拥有的床位数（张）	每万人拥有的卫生技术人员数（人）
乌鲁木齐市	50. 16	107. 76	131. 82
克拉玛依市	40. 70	60. 14	106. 15
吐鲁番地区	22. 37	48. 69	58. 63
哈密地区	31. 74	61. 06	83. 89
昌吉回族自治州	29. 87	69. 67	82. 49
伊犁州直属县（市）	21. 75	55. 80	59. 27
塔城地区	23. 25	52. 40	66. 88
阿勒泰地区	27. 80	55. 84	71. 69
博尔塔拉蒙古自治州	30. 15	62. 06	76. 80
巴音郭楞蒙古自治州	27. 34	65. 78	77. 41
阿克苏地区	13. 64	54. 14	42. 24
克孜勒苏柯尔克孜自治州	20. 09	54. 66	60. 68
喀什地区	12. 78	46. 06	41. 53
和田地区	12. 14	57. 38	37. 37

资料来源：《新疆统计年鉴》（2015）

以新疆扶贫开发工作地区农户身体健康状况变动情况为例（见表 3-12），2006—2010 年，新疆扶贫开发工作重点县身体残疾、患有大病、长期慢性病、体弱多病的农户所占比重均有不同程度的下降趋势，而南疆三地州则有不同程度上升；四年来，这两个区域健康人口所占比重均上升了大约一个百分点；对于有病是否能及时就医，扶贫开发重点县和南疆三地州农户回答“是”的人口所占比重都有较大幅度上升；对于不能及时就医的主要原因构成，扶贫开发重点县农户回答经济困难、没有时间、本人不重视的人口所占比重均有不同程度上升，而对于南疆三地州的农户，经济困难是他们不能及时就医的重要原因。2010—2014 年，扶贫开发重点县和南疆三地州农户残疾、体弱多病的人口均有上升趋势，扶贫开发重点县的健康人口从 2010 年的 94.50%下降到 2014 年的 90.56%，南疆三地州的健康人口从 2010 年的 95.6%下降到 2014 年的 89.42%，下降幅度较大；这两个区域不能及时就医的农户所占比重均有不同程度上升；重点县和南疆三地州农户认为不能及时就医的主要原因是“医院太远”的从 2010 年的 4.40%和 2.90%上升到 2014 年的 28.17%和 43.35%。从上述分析可知，2010 年以后，新疆扶贫开发重点县和南疆三地州的农户身体健康状况呈下降趋势，情况并不理想。

表 3-12　2006—2014 年新疆扶贫开发工作地区农户身体健康状况变动情况

	2006		2010		2014	
	重点县	南疆三地州	重点县	南疆三地州	重点县	南疆三地州
身体健康状况构成（%）	100.00	100.00	100.00	100.00	100.00	100.00
残疾	1.33	1.16	1.00	0.70	5.76	7.74
患有大病	0.65	0.66	0.60	0.60	0.13	0.14
长期慢性病	2.14	2.17	1.80	1.20	0.28	0.34
体弱多病	2.36	2.01	2.10	1.90	3.27	2.35
健康	93.52	94.00	94.50	95.60	90.56	89.42
有病是否能及时就医的比例（%）	100.00	100.00	100.00	100.00	100.00	100.00
是	83.21	84.75	91.10	95.60	86.61	92.12
否	16.79	15.25	8.90	4.40	13.39	7.88
不能及时就医的主要原因构成（%）	100.00	100.00	100.00	100.00	100.00	100.00
经济困难	90.56	90.92	91.90	95.70	65.97	44.04
医院太远	5.55	5.17	4.40	2.90	28.17	43.35

表3-12(续)

	2006		2010		2014	
	重点县	南疆三地州	重点县	南疆三地州	重点县	南疆三地州
没有时间	0.17	-	0.30	-	0.20	0.46
本人不重视	0.58	-	1.10	-	0.50	1.15
小病不用医	2.13	3.49	0.40	0.50	2.08	4.82
其他	1.01	0.42	1.90	0.90	3.08	6.18

资料来源：《新疆调查年鉴》（2007—2015）

四、新疆多维贫困现状分析——以新疆南疆三地州为例

20世纪80年代中期以来，中国实施了有针对性的扶贫开发政策，扶贫工作取得了重大成效。但是由于区域发展的不平衡，贫困人口逐渐向少数民族地区集中，使得少数民族区域贫困状况十分突出。2011年《中国农村扶贫开发纲要（2011—2020）》确定的14个集中连片特困地区中有11个是少数民族地区。目前，少数民族连片特困地区的贫困主要表现在贫困面积大、程度深，贫困多元化，严重影响了社会的稳定和谐。因此，如何测定少数民族连片特困地区多维贫困的程度，并探寻消除多维贫困的举措，成为当前社会各界普遍关注的热点问题。

早在20世纪60年代，人们就已经意识到贫困是一个多维的概念。Morris（1980）提出的物质生活质量指数就体现了多维贫困的思想。Sen（1999）把能力方法纳入贫困分析框架，创建了能力贫困理论。该理论认为贫困的根源就是个人能力的匮乏，作为一个社会人，应该获得足够的营养、基本的医疗条件、住房条件和一定的受教育机会等；如果缺少这些功能或者其中的一项功能，那就意味着处于一种贫困状态。该研究使得多维贫困研究有了开拓性进展，此后多维贫困测度和分析成为贫困问题研究的热点。国内外学者和研究机构主要集中研究发展中国家或地区的多维贫困，分析

对象覆盖了亚洲、非洲、拉丁美洲等世界不同区域。国内学者一般从反映人口社会经济特征的健康、教育、资产、生活质量等多个维度出发，基于能力贫困理论，利用 Alkire 和 Foster（2008）提出的 A-F 法测度中国和中西部地区城乡家庭的多维贫困状况。比较有代表性的如王小林和 Alkire（2009）从住房、饮用水、卫生设施、用电、资产、土地、教育和健康保险 8 个维度，对中国城市和农村家庭多维贫困进行了测算。结果表明，中国城市和农村的贫困状况远高于国家统计局以收入为标准测量的贫困发生率，卫生设施、健康保险和教育对多维贫困指数贡献最大。部分学者将能力贫困理论用于少数民族连片特困地区多维贫困研究中。杨龙等（2014）对西藏的研究发现，农牧民的成人平均受教育程度、资产、安全饮用水、公共服务等表现出较为严重的贫困状态，不同地区的贫困家庭的各贫困维度对多维贫困指数的贡献率差异较大。谭银清等（2015）认为武陵山区农户总体多维贫困程度严重，对多维贫困指数贡献最大的依次是卫生设施、燃料和住房。然而，已有的研究很少涉及对新疆南疆三地州多维贫困的分析。为全面了解少数民族连片特困地区多维贫困的状况，本研究以新疆南疆三地州农户调查数据为基础，分析农户多维贫困的程度和特征，探析其贫困原因，为新时期少数民族连片特困地区扶贫政策的制定提供决策依据。

（一）研究方法

1. 研究区概况

南疆三地州（喀什地区、和田地区、克孜勒苏柯尔克孜自治州）位于塔克拉玛干沙漠的西南端，大部分地域是戈壁、沙漠和山地，占全疆总面积的 29%，周围分别与印度、巴基斯坦、阿富汗、塔吉克斯坦、吉尔吉斯斯坦等五国接壤。该区域以维吾尔族为主体（占该地区总人口 90.37%，全国第六次人口普查资料），地理环境封闭，自然生态环境恶劣，社会经济发展滞后，民族宗教问题复杂。2013 年该区域所辖 24 个县及县级市的扶贫开发工作重点村占全疆扶贫村总数的 77%，扶贫对象占全疆农村扶贫对象的

76%（新疆维吾尔自治区扶贫办，2014），是我国14个连片特困地区之一。

2. 数据来源

本研究团队于2014年1—3月在喀什、和田、克孜勒苏柯尔克孜自治州开展了农户调查，调查区域覆盖南疆三地州的18个县市，占南疆三地州所有县市的75%。调查内容主要包括家庭成员基本结构、家庭收入、家庭资产、受教育程度、身体健康状况、饮用水来源、卫生设施、通电情况、房屋结构类型、做饭燃料等10个方面的信息。共发放调查问卷1 200份，回收1 200份，其中有效问卷1 191份，有效率99.25%。

3. 分析方法

A-F法是目前应用最为成熟广泛的多维贫困测度方法，其步骤为：

（1）各维度的取值。通过家计调查获得n个家庭在d个维度上的取值，得到样本观测矩阵 X：

$$X = \begin{bmatrix} x_{11} & x_{12} & \cdots & x_{1d} \\ x_{21} & x_{22} & \cdots & x_{2d} \\ \cdots & \cdots & \cdots & \cdots \\ x_{n1} & x_{n2} & \cdots & x_{nd} \end{bmatrix} \tag{3.1}$$

式（3.1）中，x_{ij}表示个体或家庭 i 在维度 j 上的取值，$i=1, 2, \cdots, n$；$j=1, 2, \cdots, d$。行向量（x_{i1}，x_{i2}，$\cdots$，x_{id}）表示个体或家庭 i 在所有维度上的取值，列向量（x_{1j}，x_{2j}，$\cdots$，x_{nj}）表示 j 维度上不同个体或家庭的取值分布。

（2）贫困的识别。对每个维度设定一个贫困标准 z_j（$z_j>0$），由 X 矩阵可设计出元素均为0或1的贫困剥夺矩阵 g^0，具体设定如下：

$$g_{ij}^0 = \begin{cases} 1, & x_{ij} < z_j \\ 0, & x_{ij} \geqslant z_j \end{cases} \tag{3.2}$$

式（3.2）中，$g^0=(g_{ij}{}^0)$ 表示贫困剥夺矩阵，x_{ij}是 X 矩阵中的元素，z_j表示第 j 个维度的贫困线或被剥夺的临界值，元素1表示为贫困，元素为

0 表示非贫困。把元素设计为 1 或 0 主要是方便后面的计算。

（3）多个维度被剥夺的识别。上述剥夺矩阵 g^0 中的元素代表了每个家庭或个人在各个维度上是否存在剥夺，这是一种单维的方法。多维贫困主要考虑在多个维度下，该个体是否贫困。令 p_k 为考虑 k 个维度时识别穷人的函数，则多个维度被剥夺的识别公式为：

$$p_k(x_i, z) = \begin{cases} 1, & c_i \geq k \\ 0, & c_i < k \end{cases} \tag{3.3}$$

式（3.3）中，c_i 表示每个个体或家庭被剥夺的总维度数，k 表示贫困的维度数，$k=$（1，2，⋯，d）。元素 1 表示当个体或家庭 i 被剥夺的总维度数 c_i 大于等于 k 时，p_k 定义个体或家庭 i 为贫困；元素 0 表示当个体或家庭 i 被剥夺的总维度数 c_i 小于 k 时，p_k 定义个体或家庭 i 在维度 k 下为非贫困。

（4）贫困的加总。最简单的加总方法是计算多维贫困发生率（H）：

$$H = q/n \tag{3.4}$$

式（3.4）中，q 表示同时存在 k 个维度贫困的人口或家庭数，n 为总人口或家庭数。

由于该方法对贫困的深度和强度不敏感，Alkire 和 Foster（2007）对该公式修正，得到了新的多维贫困测度方法：

$$MPI = HA = H\frac{|c_i(k)|}{qd} \tag{3.5}$$

式（3.5）中，MPI 为调整后的多维贫困指数，H 是多维贫困发生率，A 为平均剥夺份额，$c_i(k)$ 表示在 k 个维度下界定为贫困的第 i 个个体或家庭被剥夺维度数的总和，d 表示最大维度数。

（5）贫困分解。多维贫困指数 MPI 可以按照时间、地区、维度等不同组别进行分解。通过贫困分解，可以计算出分组元素对多维贫困的贡献率。若按维度分解，则各维度贡献率为：

$$G_j = w_j CH_j / MPI \tag{3.6}$$

式（3.6）中，G_j表示第 j 个维度的贡献率，w_j表示第 j 个维度的权重，CH_j表示第 j 个维度被剥夺的人口占总人口的比重。

4. 指标选择

计算多维贫困指数需要确定贫困的维度、具体指标及其权重。现有的相关文献在此方面的设置往往由于研究的社会经济发展环境不同而有所不同，没有一个统一的标准。本研究在已有的研究基础上，结合南疆三地州的实际情况，选取收入、教育、健康、生活质量 4 个方面共 9 个指标构建多维贫困识别指标体系，其中收入、健康、教育方面各一个指标，生活质量下有 6 个指标，各指标及其贫困界定标准具体见表 3-13。本书对指标体系中各维度和具体指标权重的确定沿用联合国公布的多维贫困指数计算中所使用的等权重法，即收入、健康、教育和生活质量领域的权重各为 1/4；收入、健康、教育方面各有 1 个指标，每个指标权重各为 1/4；生活质量方面有 6 个指标，每个指标权重各为 1/24。

表 3-13　　　　多维贫困指标及其贫困认定标准

领域	维度	贫困认定标准
收入	年人均纯收入	年人均纯收入低于当年全国农村贫困线
教育	受教育年限	任意家庭成员是小学及以下学历
健康	自评健康状况	家庭中任意成员身体差
生活质量	通电情况	家中不通电或经常停电
	卫生设施	不能使用室内室外冲水厕所和干式厕所
	饮用水情况	饮用水源是未经处理的自来水和井水、小溪水、河水、湖泊水等或饮水困难
	做饭燃料	家庭不能使用电、液化气、天然气、沼气作为生活燃料
	家庭资产	拥有的生活耐用品、交通工具、家用电器数量小于 2
	住房结构	住房结构是“土坯”房

（二）结果与分析

1. 单维度贫困分析

调研数据整理结果表明（见表 3-14），2013 年被调查对象年人均纯收入4 182元，相当于当年全疆农村居民家庭人均纯收入（7 296 元）的 57.3%；被调查的贫困户年人均纯收入 1 480 元，贫困发生率为 38.5%，远高于 2012 年全疆农村贫困发生率 14.7%。这说明新疆南疆三地州调查区域内收入贫困覆盖面积广，贫困现象严重。

把受教育年限在 6 年及以下的 16~65 岁人口视为教育贫困人口。按照这一标准，研究区域有 58.25%的人处于教育贫困状态。调研中发现，南疆三地州农村中小学辍学的现象仍然十分普遍，主要有以下几个原因：教育基础设施差、教师队伍素质低；家中经济困难，无力供孩子继续求学；南疆三地州每个乡只有一个初中，没有高中，去县里上学路途遥远，交通非常不方便，这是农村孩子只上到初中就不愿意再继续求学的一个重要原因。自 2013 年南疆三地州开始实施高中阶段免费义务教育后，虽然政府要求学生初中毕业后不论学习好坏，必须到高中或中等职业学校继续求学，但是实施效果还是很不理想，学生中途辍学的现象比较普遍，相关部门不得不花费大量的时间和精力做思想工作劝其重新回到学校完成学业。学生初中毕业后不愿意继续求学，除了前述原因外，也与学生及其家长的落后思想观念有关。他们还没有充分认识到知识改变命运的重要性，认为继续求学的话毕业后也找不到工作，还不如早早出来打工挣钱。

调研区域有 18.25%的人是健康贫困人口，这部分群体因为患有大病、慢性病或体弱多病等而劳动困难，摆脱贫困的难度很大。由于南疆三地州贫困地区的许多农村没有像样的卫生室，村民去县上看病必须花费更多的时间和交通费用，更支付不起住院报销所必须自付的门槛费和共付比例所规定的医药费，村民有病一般都是拖着。虽然该区域新农合参保率达到了 100%，新型农村养老保险也全面推开，但是在具体实施过程中遇到不少困难。如新型农村养老保险要求16~59岁的人群缴纳，每年100元。村民普遍认为自己身体健康，缴款不划算，每年缴款时自愿缴纳保险金的村民不到10%，村主任不得不先用村集体款项垫付，然后再逐家逐户催缴，在催缴过程中争吵时有发生。

调查区域绝大多数的农村都通电，但是一些偏远农村缺电现象十分严重，由于经常断电，日常照明主要依靠蜡烛和煤油灯，给生产和生活带来很大不便。本研究把不通电或经常断电视为用电贫困。调查区域用电的贫困发生率为7.37%。

联合国把不安全的卫生设施看作是损害健康的重要因素，按照联合国标准，家中使用冲水厕所或干式厕所才算摆脱了贫困。调查结果显示，南疆三地州绝大多数农牧民家庭在此方面没有摆脱贫困，在卫生设施上的贫困发生率达到了90.41%。

由于南疆三地州基本属于干旱、极干旱地区，年均降水量不足80毫米，年均蒸发量在2 300毫米以上，春季缺水、夏季洪涝、秋季干涸，土壤盐渍化程度高，生产和生活用水匮乏问题十分突出。在接受调查的农村居民家庭中，日常生活中饮用未经过处理的自来水、井水、小溪水、泉水、河水、湖泊水等或经常断水的家庭达到了83.86%。

按照联合国规定，做饭时如果不能使用清洁能源（天然气、沼气、液化气），就视为该维度的贫困。南疆三地州的农村地区做饭使用的燃料基本是原煤、柴草等，使用这种传统的做饭燃料不仅对人的身体健康产生不利影响，而且对环境的破坏也十分严重。调查结果显示，南疆三地州不能以电、液化气、天然气、沼气等清洁能源为生活燃料的农户家庭占90.16%。

家庭资产表明了一个家庭在多年的收入积累和消费后的财富状况，能够反映该家庭摆脱贫困的能力。本研究分析资产维度时，把拥有的生活耐用品、交通工具、家用电器数量小于2项的家庭视为资产贫困家庭。2013年，南疆三地州资产贫困家庭占到了7.12%。

在农村地区，住房结构反映了一个家庭的生活水平和所处的社会状态。

根据新疆农村住房的实际情况，把住房结构是“土坯房”的农户家庭视为住房贫困家庭。2013 年，南疆三地州农村家庭住房为土坯结构的占 50.64%。新疆从 2010 年开始实施富民安居工程，以期通过政府补助和农民自建的方式改善农村的住房条件，这一措施在很大程度上缓解了农村的住房贫困，受到村民的普遍欢迎。但是由于政府提供的补助有限（每家补助 24 000 元的建筑材料），贫困地区农牧民贷款盖新房的现象十分普遍，这无疑加重了家中的经济负担。还有一部分经济条件很差的农牧民甚至盖不起新房，因此农户们都希望政府在此方面增加补助。

调查区域单维贫困状况按照贫困发生率大小排序结果为：卫生设施>做饭燃料>饮用水情况>受教育年限>住房结构>年人均纯收入>健康状况>通电情况>家庭资产。做饭燃料、卫生设施、住房条件、饮用水、受教育年限等的贫困发生率均高于收入贫困发生率。非收入维度贫困测度结果与收入贫困测度结果差异较大，说明单维的收入贫困不能全面涵盖南疆三地州贫困的真正内涵。

表 3-14　　研究区域内各维度贫困发生率

领域	维度	贫困发生率（%）
收入	年人均纯收入	38.5
教育	受教育年限	58.25
健康	自评健康状况	18.25
生活质量	通电情况	7.37
	卫生设施	90.41
	饮用水情况	83.86
	做饭燃料	90.16
	家庭资产	7.12
	住房结构	50.64

2. 多维贫困分析

对南疆三地州多维贫困的计算结果表明（见表3-15），有98.5%的家庭至少在一个维度上存在贫困，有94.4%的人至少在两个维度上存在贫困，有89.1%的农户至少在三个维度上存在贫困，有72.4%的农户至少在四个维度上存在贫困，远远高于按收入指标计算的收入贫困发生率（38.5%）。在七个及以上维度上存在贫困的农户十分少见，在9个维度上都存在贫困的农户并不存在。这说明南疆三地州农村贫困具有类型多样化、面积广的特点，并且不同贫困类型彼此交叉融合，众多农户家庭不仅存在收入贫困，还存在其他多个维度的贫困。

如果一个农户家庭在9个维度中的任意k个及以上维度同时存在贫困，就定义该家庭是k维贫困的。由于按人头计算的多维贫困发生率对多维贫困的分布和剥夺的深度不敏感。A-F法利用贫困的剥夺份额（贫困强度）A调整多维贫困发生率，得到多维贫困指数MPI，克服了多维贫困发生率的缺陷。下面比较k=1、k=3时的贫困发生率、贫困的剥夺份额（贫困强度）、多维贫困指数（见表3-15）。k=3时，以人头指数为基础的贫困发生率与k=1时相比下降了将近10个百分点，贫困强度增加了3.4个百分点，但是反映贫困严重程度的多维贫困指数仅下降了不到1个百分点。也就是说，随着贫困维度从一维增加到三维，多维贫困的覆盖面有了较大幅度的下降，贫困强度有所增加，贫困的严重程度几乎没有变化。因此仅以人头指数为基础的多维贫困发生率并不能全面反映一个地区农户被剥夺的严重程度，有必要结合多维贫困指数MPI进行分析。

一般情况下，UNDP把存在1/3以上维度贫困的农户定义为贫困户。因此本研究沿用此标准把k=3设定为南疆三地州多维贫困的贫困临界值。也就是说，当一个农户家庭在3个及以上维度上存在贫困时，就认为该农户家庭存在多维贫困。计算结果表明，当k=3时，调查区域的多维贫困发生率为89.1%，平均被剥夺程度A为44.7%，多维贫困指数为39.8%，说明该区域多维贫困比收入贫困还要严重。现阶段，南疆三地州要提升扶贫开发效率，就必须根据实际情况，从不同维度出发展开精细化、专门化的扶贫工作，有针对性地解决不同类型的贫困问题。

随着 k 的不断增加，调查区域的多维贫困发生率及多维贫困指数（MPI）不断下降，平均被剥夺程度（A）不断增加。说明随着贫困维度的不断增加，多维贫困人口的数量在不断减少，贫困程度也随之下降，但是贫困强度在不断上升。在多个维度上都处于贫困状况的人口摆脱贫困的能力更差，更容易陷入“贫困陷阱”。

表 3-15　研究区域多维贫困测算结果（%）

k	多维贫困发生率	平均被剥夺程度	多维贫困指数
1	98.5	41.3	40.7
2	94.4	42.9	40.5
3	89.1	44.7	39.8
4	72.4	50.5	36.6
5	48.4	58.6	28.3
6	24.7	70.1	17.3
7	7.5	83.8	6.3
8	1.4	89.3	1.3
9	0	–	–

3. 多维贫困各维度的贡献度分析

下面以贫困临界值 k=3 对多维贫困指数进行分解，研究不同指标对多维贫困指数的贡献度，进而剖析南疆三地州的致贫原因。计算结果表明（见表 3-16），教育指标对贫困的贡献程度最大，达到了 35.73%。这说明南疆三地州农户家庭在教育方面普遍存在较为严重的贫困现象，并成为农户在多个维度上致贫的最重要的原因。教育是提高个人自我发展能力和摆脱贫困的必要条件。南疆三地州农村以维吾尔族人口为主，在教育方面，贫困户表现出某些一致性的鲜明特点，即成年人受教育程度普遍偏低，绝大多数不会说汉语，人力资本方面存在明显劣势，就业渠道十分有限，加上受传统的宗教文化习俗和思想观念的影响，他们宁可苦熬受穷，坐等国家救济，也不愿意外出打工，严重影响了个人及其家庭的长远发展。

收入和健康维度对多维贫困的贡献率分别达到了 19.37%和 11.19%，说明这两个维度对南疆三地州农户多维贫困也产生着重要的影响。做饭燃料、卫生设施、住房结构、饮用水情况对多维贫困的贡献度分别为 9.22%、9.24%、5.18%、8.57%，是致贫的次要因素。通电情况和家庭资产的贡献度合计 1.24%，对多维贫困的影响不大。

教育、收入、健康贫困共同构成了南疆三地州多维贫困的主要来源。调研中发现，虽然该区域收入贫困家庭和非收入贫困家庭不完全一致，但是非收入贫困的发生和收入贫困的发生更多地表现为双向因果关系，即收入贫困人口在获得健康、教育等方面更趋于弱势，这种情况反过来会使他们更加贫困。对南疆三地州贫困农户家庭来说，由于收入贫困人口无法获得更好的卫生保健服务，这将引起健康状况的恶化，从而无法工作来提高本人和家庭的收入；同样，收入贫困人口由于家庭经济条件限制，没有能力送自己的孩子上学接受教育，这将妨碍他们提高未来的家庭收入，并有可能形成贫困的传递。农户收入贫困和非收入贫困相互影响、相互加强，由此形成无法突破的恶性循环。这也是南疆三地州呈现连片贫困、持久性贫困的根源。

表 3-16　　各维度贫困对多维贫困指数的贡献度

领域	维度	对多维贫困指数的贡献度（%）
收入	年人均纯收入	19.37
教育	受教育年限	35.73
健康	自评健康状况	11.19

表3-16（续）

领域	维度	对多维贫困指数的贡献度（%）
生活质量	通电情况	0.56
	卫生设施	9.24
	饮用水情况	8.57
	做饭燃料	9.22
	家庭资产	0.68
	住房结构	5.18

五、小结

（1）新疆经济增长空间不均衡的特征明显。长期以来，新疆经济实现高位增长，社会经济发展取得巨大进步，但是北疆、南疆和东疆三大区域之间及其区域内部发展不均衡的特征显著。总的来看，经济发展较好的地区集中分布于天山北坡和交通主干线上，经济发展落后的地区集中分布于南疆、北疆的边远地区，经济发展存在明显的空间失衡。这种经济差异的非均衡性与不同区域及其自身内部的自然分布格局、资源分布、区位条件以及历史人文因素密切相关。这种现象严重影响了新疆总体社会经济的发展。

（2）受收入分配的影响，新疆经济增长对城乡贫困减缓的影响效果不同。2010 年以前，新疆城镇 FGT 贫困指数下降缓慢，反映收入不平等的基尼系数总体呈上升趋势，经济增长的减贫效果并不理想；2010 年以后，随着援疆建设和大规模民生工程深入推进，城镇贫困程度不断减缓，收入分配也持续改善，贫困人口从经济增长中获得了收益，经济增长和有利于穷人的收入分配相结合的反贫困措施在减贫过程中取得了一定成效。对新疆农村而言，2000 年以来，由于国家设定的农村贫困线不断上升，使得新疆农村更多的低收入人口被纳入扶贫开发范围之内。但是由于新疆农村收入分配的持续恶化，贫困人口难以从经济增长中获得好处，说明过去单纯以经济增长为减贫手段的效果不理想。因此新疆未来的扶贫战略应充分重视提高贫困人口参与劳动的能力，确保他们能够从经济增长中获得实惠。

（3）新疆经济增长的不均衡性导致教育和健康事业发展的不均衡。虽然改革开放以来，新疆教育和卫生保健事业发展取得了巨大进步，但是新疆区域之间经济增长的不平衡性导致教育和健康资源分配不公。同时教育体制和医疗体制的改革倾向于市场化，使得贫困落后地区和收入贫困人口无法充分享受到教育和健康进步所带来的好处。新疆经济增长和收入分配的不均衡性造成了教育和健康的区域性和阶层性贫困，经济发展落后的地区如扶贫开发重点县和南疆三地州，及其低收入群体，其教育和健康发展也同样滞后。

（4）现阶段新疆贫困地区贫困多元化趋势明显，应从多维角度实施精准扶贫。以我国14个连片特困地区之一——南疆三地州为例，对新疆农村地区的多维贫困进行分析，发现现阶段新疆农村非收入贫困发生率高于收入贫困发生率，多维贫困覆盖率高；虽然随着维度的增加，多维贫困发生率和多维贫困程度不断下降，但是多维贫困人口的贫困强度不断加大，更多维度上处于贫困的人口更难摆脱贫困；收入贫困已经不能全面反映新疆农村贫困状况。未来反贫困工作应实施精准扶贫战略，将扶贫开发工作的重点从瞄准收入贫困人口转向为瞄准多维贫困人口，根据不同维度的贫困人口，进行针对性的扶贫。对于新疆贫困人口集中的南疆三地州，由于教育、收入、健康对多维贫困指数的贡献最大，应同时从投资教育、促进农牧民增收、加强医疗卫生保障事业的投入以提高居民的健康水平等三方面入手，消除多维贫困现象。

（5）快速的经济增长不一定带来收入贫困、非收入贫困和不平等程度的下降。新疆农村相关实证研究表明，伴随着新疆经济长期的快速增长，新疆农村贫困地区的收入、非收入贫困和不平等现象依然突出，说明单纯依靠经济增长并不能实现多维贫困程度快速下降。经济增长是否能够实现收入和非收入贫困程度快速下降，关键取决于收入和非收入分配是否向贫困人口倾斜，这就要求政府实施有益于贫困人口的益贫式增长战略，促使贫困人口能够参与到经济增长过程中，并从经济增长过程中充分获得好处。

（6）新时期新疆实施益贫式增长战略应重视提升贫困人口的自我发展能力。新疆实施益贫式增长战略的前提应是贫困人口有机会、有能力从经济增长中受益，这就要求贫困人口具有基本的劳动能力，具有一定的人力资本（如健康、教育）积累，有能力通过参加劳动享受经济增长带来的好处，从而实现脱贫。因此，要从根本上解决贫困问题，除了瞄准真正的贫困人口进行精准扶贫，还要给与贫困人口的个人能力以足够的重视。通过重建贫困人口的个人能力，积极满足益贫式增长战略实施的前提条件，这样扶贫才能达到预期效果。

第四部分　新疆多维益贫式增长的测度与判断

根据益贫式增长的理论和方法，在测度一个国家或地区的贫困状况以及经济增长的益贫性时均需要计算平均不同时间段的收入增长率和确定贫困线。国内外相关研究在计算居民收入增长率时，一般以基年的收入为标准，随后各年份的收入利用CPI指数缩减得到实际收入后，进而计算收入增长率；计算贫困指数时，也通常用CPI指数缩减各期的名义贫困线得到相应的实际贫困线。然而，这种缩减方法值得商榷。我国CPI指数的编制所包含的调查内容包括食品、衣着、居住、烟酒及用品、家庭设备用品及服务、交通通信、娱乐教育文化用品及服务、医疗保健及个人用品等八类。我国在编制CPI指数过程中假定不同的收入群体食品类消费权重与非食品类消费权重都是相同的。但是在现实生活中，不同的收入群体的消费水平和消费结构差异很大。以2012年新疆城镇居民不同收入群体的消费构成情况为例，2012年新疆城镇居民最低收入户的食品消费支出占总消费支出的比重为48.49%，高收入户仅占32.78%，而全疆平均水平为37.71%。这说明城镇贫困人口和其他群体的消费结构差异较大。此外，某一类消费品价格的上涨对不同的收入群体的影响也不同，一般情况下贫困人口用于食物消费的支出往往大于非贫困人口，如果以粮食为主的食物类物价指数上涨过快，那么穷人所受到的负面影响远大于非穷人。

CPI 指数既不能反映整个收入分布中不同收入群体的消费模式，也不能反映不同收入群体生活成本变动的差异，因此利用 CPI 指数缩减收入指标或贫困线以计算贫困指数和判断经济增长的益贫性并不合适。

近年来，一些国内学者也关注到 CPI 指数的这一缺陷，建议编制低收入群体或贫困群体的消费价格指数，以真实反映价格变动对这一群体的影响程度（周望军等，2006；张全红，2008；朱晶、王军英，2010）。但是，相关研究主要以理论探讨为主，只有极少数的学者（张克中、冯俊城，2010）进一步考虑了由于不同收入群体的消费结构不同所造成的物价上涨对益贫式增长的影响，他们利用 GIC 曲线分析了物价上涨的异质性对中国城乡经济增长益贫性的影响程度，但是没有进一步扩展到省级层面上进行分析。国内对新疆益贫式增长的研究均集中在农村地区，还没有进行物价上涨异质性（物价上涨对不同收入群体影响的差异性）对新疆城镇贫困及经济增长益贫性影响的相关研究。

自 2007 年以来，包括中国在内的世界大部分国家经历着新一轮的以粮食价格和食品价格为主要推手的物价上涨。在此背景下，新疆居民消费价格大幅上涨，2012 年更是达到了全国第一。新疆消费价格指数持续上涨同样是食品类价格的大幅上涨所致。如从构成消费价格指数的八类商品和服务来看，2014 年新疆居民消费价格总水平上涨 2. 1%，其中食品类价格上涨 3. 6%，远高于其他类商品和服务的涨幅。从不同县市的新疆城镇消费价格指数来看，越是贫困的地区，其城镇消费价格指数涨幅越高。以 2012 年为例，在调查的 19 个地州市中，消费价格指数高于 104% 的县市有 8 个，其中 5 个都位于社会经济发展相对落后的南疆，且几乎都集中在以贫困著称的南疆三地州。北疆地区城镇贫困比较严重的阿勒泰市的消费价格指数为 104. 3%，其中食品类甚至达到了 110. 3%，是 19 个县市中食品类价格指数最高的。对此新疆政府有关部门也采取了一定措施，如 2011 年新疆建立了低保标准与物价上涨的联动机制，规定居民消费价格指数上涨超过 3. 8%

时，以地（州、市）为单位，启动联动机制，超过 3.8%的部分，每增长 1 个百分点，低保对象每人每月增加 12 元。但是这些措施远远满足不了低收入群体的生活需要。食品价格的上升所导致的低收入群体实际收入的下降还会使更多的低收入群体陷入贫困。

新疆属于社会经济发展比较落后的边疆少数民族地区，南疆三地州及北疆的阿勒泰地区是新疆少数民族贫困人口集中的地区。消费价格指数尤其是食品类价格指数大幅上涨，对少数民族的生活质量有很大影响，将不利于社会稳定和团结。本研究分别基于 CPI 指数以及特定百分位点的消费价格指数（PCPI）计算 2002—2014 年新疆城乡贫困指数和城乡经济增长的益贫性，并对比这两种计算结果，揭示物价上涨对新疆城乡贫困状况以及经济增长益贫性的影响程度，为政府贫困监测和反贫困政策的调整提供依据。

一、模型及数据来源

（一）GIC 曲线

如第二章所述，增长发生曲线（GIC）是评估益贫式增长的应用最为广泛的方法，它也反映经济增长过程中收入分配模式的变动情况。GIC 曲线描述了 t-1 时刻和 t 时刻之间每一人口百分位点上收入增长率的变动轨迹。用公式表示如下：

$$y_t(p) = F_t^{-1}(p) = L_t'(p)\mu_t \text{ , } y_t'(p) > 0 \tag{4.1}$$

$$GIC\text{：} \quad g_t(p) = \frac{y_t(p)}{y_{t-1}(p)} - 1 \tag{4.2}$$

$$g_t(p) = \frac{L_t'(p)}{L_{t-1}'(p)}(\gamma_t + 1) - 1 \tag{4.3}$$

P 是对应的百分位点，F_t^{-1} 是第 p 个百分位点（收入百分位点）上累积分布函数的反函数，$L_t(p)$ 是洛伦茨曲线［斜率是 $L_t^{'}(p)$］，$\gamma_t = \frac{\mu_t}{\mu_{t-1}} - 1$ 是人均收入或消费的平均增长率。

GIC 曲线可以像公式（4.2）那样定义为第 p 个百分位点上的收入增长率，也可以将公式（4.1）带入公式（4.2）后得到公式（4.3）后再来计算。本研究的 GIC 曲线由公式（4.2）推导得到。

（二）考虑物价上涨的 GIC 曲线

公式（4.1）、（4.2）、（4.3）表示的是没有消除物价上涨因素的名义 GIC 曲线，剔除物价上涨因素后的 GIC 曲线为：

$$g_t(p) = \frac{y_t(p)\frac{1}{1+i_t}}{y_{t-1}(p)} - 1 \tag{4.4}$$

公式（4.4）中，i_t 表示从 t-1 期到 t 期的物价上涨时的物价上涨率，用 CPI 上涨率表示。该式暗含的假定是物价上涨对不同收入群体的影响都相同。实际上，由于穷人和富人的消费结构差异很大，因此物价上涨，尤其是食品和粮食类价格上涨对穷人的负面影响更大，利用 CPI 指数缩减名义收入可能会低估物价上涨对穷人的影响，高估物价上涨对富人的影响。因此，在此引入特定百分位消费价格指数（PCPI）来消除物价上涨对不同收入群体的影响。基于 PCPI 指数的实际 GIC 曲线为：

$$g_t(p) = \frac{y_t(p)\frac{1}{1+i_t(p)}}{y_{t-1}(p)} - 1 \tag{4.5}$$

公式（4.5）中，$i_t(p)$ 是从 t-1 期到 t 期的不同收入百分位点人口面临的物价上涨率。

（三）数据及数据来源

测度新疆城乡是否实现多维益贫式增长所需要的数据及数据来源，如

表 4-1 所示。

表 4-1　　　　数据及数据来源

数据	数据来源
人均可支配收入	来源于相应年份的《新疆统计年鉴》：中国统计出版社
贫困人口指数	根据 FGT 指数计算公式得到
综合福利指数（CWI）	借鉴联合国人类发展指数，通过计算得到
不同百分点人口收入水平	来源于相应年份的《新疆统计年鉴》《新疆调查年鉴》：中国统计出版社
不同百分点人口教育水平	同上
不同百分点人口医疗保健支出	同上
单位百分比消费者价格指数（PCPIs）	通过源自《新疆调查年鉴》的家庭消费支出构成及相应消费产品类别的相对价格变化计算得到
不同种类消费品价格指数	来源于相应年份的《新疆统计年鉴》：中国统计出版社

本研究采用的综合福利指数（CWI）借鉴了联合国人类发展指数（HDI）的方法计算。人类发展指数 HDI 用来衡量一个国家在人类发展方面的三个基本维度，即健康长寿的生活，成人识字率和小学、中学和大学的综合毛入学率（有些文献也用平均受教育年限考察知识水平）以及人均收入来衡量。由于不同百分点人口的预期寿命和识字率、入学率（或平均受教育年限）数据采集困难，所以本研究采用不同百分点人口医疗保健支出、不同百分点人口受教育支出两个指标，经过相应消费产品类别的价格指数平减后，来替代上述两个指标，分别考察健康和知识水平。

二、新疆城镇多维益贫式增长分析

（一）收入益贫式增长分析

1. 数据来源及贫困线的确定

本研究采用国家统计局公布的《新疆统计年鉴》2002—2014 年新疆城镇居民收入七等份数据计算新疆城镇居民的 FGT 贫困指数以及判断经济增长的益贫性。

国内学者研究城镇贫困问题时采用的贫困线通常有两种：一种是城市低保线，即城市最低社会保障标准；另一种是国际贫困线，如总平均收入的 50%或 60%、1 天 1 美元、1 天 1.25 美元、1 天 2 美元等。本研究采用城镇居民人均可支配收入的 50%作为城镇贫困线。

2. CPI 指数与 PCPI 指数的确定

根据《新疆统计年鉴》提供的各年份新疆城市居民消费价格分类指数可以得到以 2002 年为基期的 2014 年的定基 CPI 分类指数，如表 4-2 所示。

表 4-2　　2002—2014 年新疆城镇 CPI 指数　　单位：%

年份	食品	非食品	CPI
2002	100	100	100
2014	220.69	114.34	140.71

从表 4-2 可以看出，以 2002 年为基期，2014 年新疆城镇 CPI 指数为 140.71%，其中食品类消费价格指数为 220.69%，非食品类消费价格指数为 114.34%，食品类消费价格指数远高于非食品类。

考虑不同收入群体的消费支出结构，对居民消费价格指数进行改进得到特定收入百分位消费价格指数 PCPI 如下：

$$PCPI(p) = \omega_{食品}(p) * CPI_{食品}(p) + \omega_{非食品}(p) * CPI_{非食品}(p) \tag{4.6}$$

其中 $\omega_{食品}(p)$ 和 $\omega_{非食品}(p)$ 表示处于第 p 个收入百分位点人口的食物和非食物消费所占比重。

利用《新疆统计年鉴》提供的各年份城镇居民家庭平均每人全年消费性支出构成的数据和城市居民消费价格分类指数，根据公式（4.6）计算得到不同收入百分位点人口面临的 PCPI 以及全疆平均 PCPI。

3. 实证结果及其分析

（1）分别基于 CPI 指数与 PCPI 指数计算的新疆城镇贫困指数。表 4-3 列出了分别以 CPI 指数为标准和以全疆平均 PCPI 指数为标准计算的新疆城镇贫困指数。

表 4-3　　按 CPI 和 PCPI 计算的新疆城镇贫困情况

年份	贫困发生率 H（%）	贫困人口（万人）	PG（%）	脱贫资金（万元）	SPG（%）	基尼系数（%）
2002	10.74	69.24	4.41	105 978.00	3.58	30.96
2014（经 CPI 调整）	14.59	154.49	4.90	210 151.33	2.32	28.91
2014（经 PCPI 调整）	15.89	168.26	5.68	227 678.98	3.65	28.98

从表 4-3 可以看到，无论用哪种指数缩减，2014 年与 2002 年相比，贫困人数、贫困严重程度 PG 和贫困强度 SPG 都有不同程度上升，表示收入不平等的基尼系数也有所提高。

采用不同的指数作为缩减方法所得到的结果有较大差异。以 PCPI 指数为标准计算的三种贫困指数均高于以 CPI 指数为标准的贫困指数。其中贫困发生率上升了 1.30 个百分点，贫困人口增加了 13.77 万人，贫困人口脱贫所需的转移支付金额增加了 17 527.65 万元，贫困强度增加了 1.33 个百分位点，表明贫困人口内部的不平等程度加剧。可见 PCPI 对贫困的恶化程度（包括贫困人口、贫困广度、贫困深度、贫困强度等方面）的显示均超过了 CPI，基于 PCPI 计算的基尼系数也高于基于 CPI 计算的结果。此外，以 PCPI 为标准计算的反贫困成本（脱贫资金）与以 CPI 为标准计算的反贫困成本相比有了大幅度上升，远高于相应标准下贫困人口的变化。上述分析说明新疆城镇物价上涨对贫困人口的不利影响远远超过人们通过官方公布的 CPI 指数所看到的结果。

（2）名义 GIC 曲线与实际 GIC 曲线。得到相关年份的洛伦茨曲线以及不同收入百分位点上的 PCPI 指数后，根据公式（4.1）~（4.5），可以描绘出新疆城镇名义 GIC 曲线和考虑不同收入群体消费结构的实际的 GIC 曲线。从图 4-1 来看，无论是没有经过物价指数调整的名义 GIC 曲线还是分别经过 CPI 指数和 PCPI 指数调整的实际 GIC 曲线均呈右下方倾斜。贫困人口的收入增长率大于非贫困人口的收入增长率，说明 2002—2014 年，新疆城镇经济增长无论在弱意义上还是相对意义上均是益贫的。

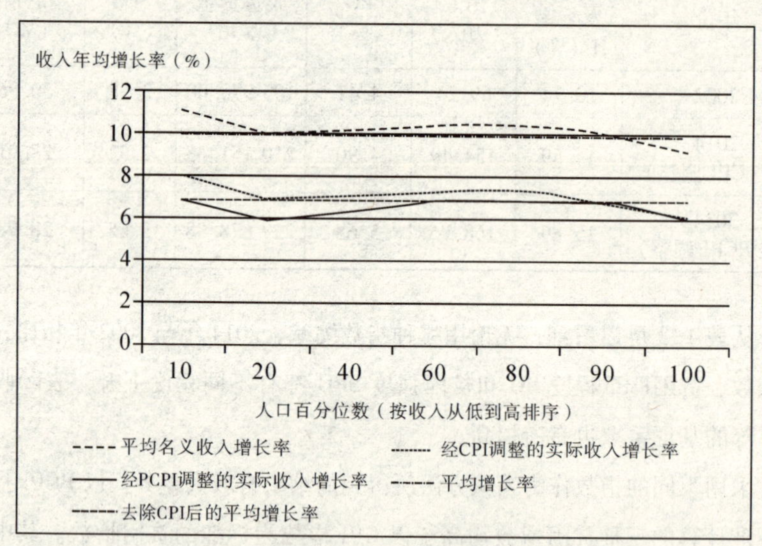

图 4-1　2002—2014 年名义收入 GIC 曲线
以及经过 CPI 和 PCPI 调整后的收入 GIC 曲线

图 4-1 中不同收入百分位点上经 CPI 调整的 GIC 曲线和经 PCPI 调整的 GIC 曲线之间的距离随着收入百分位点的不断升高而变窄，这说明物价上

涨尤其是食品类消费品价格的快速上涨对贫困人口的负面影响高于非穷人，收入越高，以食品类消费价格上升为推手的物价上涨受到的负面影响越小。虽然 2002—2014 年新疆贫困人口收入增长速度较快，但是由于物价上涨结构的不平衡，以食品类消费品为推手的物价上涨使得他们从经济增长中获得的好处大打折扣。

表 4-4　2002—2014 年不同收入百分位点人口的收入增长率　单位:%

不同收入百分位点	平均名义收入增长率	经 CPI 调整的实际收入增长率	经 PCPI 调整的实际收入增长率
10	11.08	7.96	6.79
20	9.98	6.89	5.92
40	10.12	7.03	6.35
60	10.35	7.26	6.89
80	10.47	7.37	6.92
90	10.03	6.95	6.80
100	9.10	6.04	5.99
平均	9.93	6.84	6.41

表 4-4 显示了在没有考虑物价上涨因素情况下，处于收入最低 10%的贫困人口的年均收入增长率为 11.08%，最高收入 10%人口的收入增长率为 9.10%，经过 CPI 调整后不同收入百分位点人口的收入增长率都有明显下降，最低收入 10%的贫困人口收入增长率下降至 7.96%，最高收入 10%人口的收入增长率下降至 6.04%；经 PCPI 调整后，各收入百分位点上收入增长率进一步下降，与平均名义收入增长率相比，最低收入 10%的贫困人口下降了 4.29 个百分位点，是所有收入百分位点上收入增长率下降幅度最大的，位于最低收入 20%人口收入增长率下降了 4.06 个百分位点，仅次于最低收入 10%人口的收入增长率的下降幅度。说明物价上涨对处于社会最底层的贫困人口的负面影响最大。

4. 结论与建议

国内外现有的文献在研究贫困问题时，通常利用 CPI 指数缩减贫困线或者各年份的收入水平，但是只有在各类消费品或服务价格变化方向或幅度大致相同时利用 CPI 指数缩减才比较准确，如果物价上涨的结构尤其是食品和非食品类消费价格上涨幅度差异较大，利用 CPI 指数进行缩减时就会产生较大的偏差。因此，在计算贫困指数和测度贫困人口收入增长的益贫性时，建议采用考虑不同收入群体消费结构的价格指数如 PCPI 指数作为缩减工具。在分析物价上涨对贫困的影响时，既要关注物价上涨的幅度对贫困群体的影响，也要关注物价上涨的结构对不同收入群体的影响。否则，可能会低估或高估实际的贫困水平。首先，相关部门应依据反映不同收入群体消费结构的消费价格指数监测贫困水平的动态变化。其次，稳定物价尤其是食品类消费品的价格对贫困群体至关重要，并应实施稳定粮食和食品价格的政策，如增加农业基础设施的投资。最后，对农民提供粮食补贴以提高他们种粮积极性，也能够有效减贫。

（二）教育益贫式增长分析

表 4-5 显示了在没有考虑物价上涨因素的情况下，2002—2014 年，处于收入最低 10%的贫困人口的年均教育支出增长率为 0.65%，处于 20%~90%位点的人口教育支出增长率在 5%~8%之间，收入最高 10%的人口的教育支出增长率为 2.73%。经过 CPI 调整后不同收入百分位点人口的教育支出增长率都有明显下降，收入最低 10%的贫困人口教育支出增长率下降至-2.17%，收入最高 10%的人口的教育支出增长率下降至-0.15%。经 PCPI 调整后，各收入百分位点上教育支出增长率进一步下降，与平均名义教育支出增长率相比，收入最低 10%的贫困人口下降至-3.24%，是所有收入百分位点上教育支出增长率下降幅度最大的，说明物价上涨对处于社会最底层的贫困人口的负面影响最大。

表 4-5　2002—2014 年不同收入百分位点人口的教育支出增长率 单位：%

不同收入百分位点	平均名义教育支出增长率	经 CPI 调整的实际教育支出增长率	经 PCPI 调整的实际教育支出增长率
10	0.65	-2.17	-3.24
20	5.09	2.14	1.21
40	7.50	4.49	3.83
60	6.55	3.56	3.21
80	6.51	3.52	3.09
90	6.37	3.39	3.25
100	2.73	-0.15	-0.20
平均	5.83	2.86	2.44

从图 4-2 来看，无论是没有经过物价指数调整的名义 GIC 曲线还是分别经过 CPI 指数和 PCPI 指数调整的实际 GIC 曲线均呈倒 U 形状。

在没有考虑物价上涨的情况下，2002—2014 年处于最低收入 20%以下的贫困人口的教育支出增长率大于零，且小于相应的平均教育支出增长率，说明 2002—2014 年，不考虑物价上涨因素，新疆城镇教育支出在弱绝对意义上是益贫的，在相对意义上不是益贫的。

但是对于处于最低收入 10%以下的贫困人口，经过 CPI 和 PCPI 调整后的实际教育支出增长率均小于零，在此情况下，教育支出在弱绝对意义和相对意义上都不是益贫的。

与收入 GIC 曲线类似，图 4-2 中不同收入百分位点上经 CPI 调整的教育支出 GIC 曲线和经 PCPI 调整的教育支出 GIC 曲线之间的距离随着收入百分位点的不断升高而变窄，这说明物价上涨尤其是食品类消费品价格的快速上涨对贫困人口教育支出的负面影响高于非穷人。因此，考虑物价上涨结构的不平衡，与非贫困人口相比，贫困人口从教育发展中并没有获得好处。

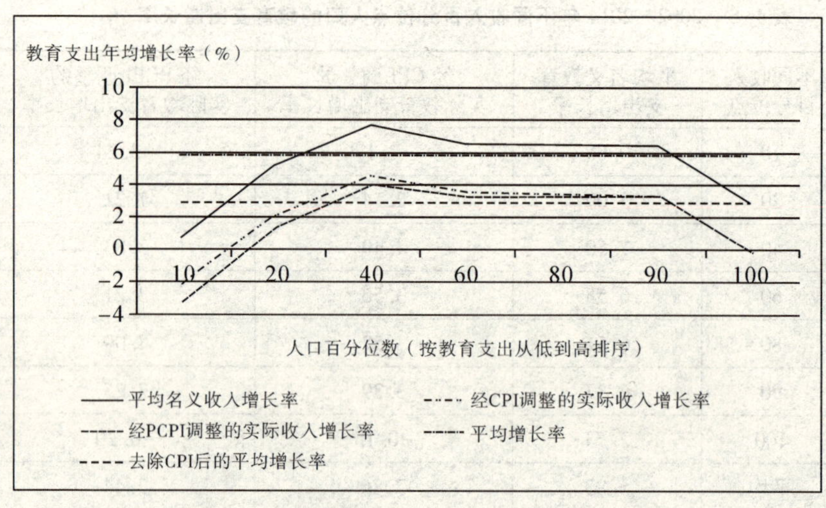

图 4-2　2002—2014 年名义教育支出 GIC 曲线

以及经过 CPI 和 PCPI 调整后的 GIC 曲线

（三）健康益贫式增长分析

表 4-6 显示了在没有考虑物价上涨因素情况下，处于收入最低的 10%的贫困人口的年均医疗保障支出增长率为 8.14%，收入最高的 10%的人口的医疗保障支出增长率为 12.43%；经过 CPI 调整后不同收入百分位点人口的医疗保障支出增长率都有明显下降，收入最低的 10%的贫困人口医疗保障支出增长率下降至 5.10%，收入最高的 10%人口的医疗保障支出增长率下降至 9.28%；经 PCPI 调整后，各收入百分位点上的医疗保障支出增长率进一步下降，与平均名义医疗保障支出增长率相比，收入最低 10%的贫困人口下降了 4.18 个百分位点，位于收入最低 20%人口位点的医疗保障支出增长率下降了 4.31 个百分位点，是所有收入百分位点上医疗保障支出增长率下降幅度最大的。说明物价上涨对处于社会最底层的贫困人口的负面影响最大。

表 4-6　　2002—2014 年不同收入百分位点人口的医疗保障支出增长率　　单位:%

不同收入百分位点	平均名义医疗保障支出增长率	经 CPI 调整的实际医疗保障支出增长率	经 PCPI 调整的实际医疗保障支出增长率
10	8. 14	5. 10	3. 96
20	16. 91	13. 63	12. 60
40	10. 79	7. 69	7. 01
60	11. 75	8. 62	8. 24
80	11. 97	8. 82	8. 37
90	9. 71	6. 63	6. 49
100	12. 43	9. 28	9. 23
平均	11. 58	8. 45	8. 01

从图 4-3 来看，无论是没有经过物价指数调整的名义 GIC 曲线还是分别经过 CPI 指数和 PCPI 指数调整的实际 GIC 曲线，处于收入最低的 10%的贫困人口医疗保障支出增长率均小于相应的平均增长率，说明 2002—2014 年，新疆城镇医疗保障支出在弱意义上是益贫的，但是在相对意义上不是益贫的。

（四）多维益贫式增长分析

表 4-7 显示了在没有考虑物价上涨因素的情况下，2002—2014 年，处于收入最低的 10%的贫困人口的年均综合福利指数增长率为 9. 54%，收入最高的 10%的人口的综合福利指数增长率为 8. 80%。经过 CPI 调整后不同收入百分位点人口的综合福利指数增长率都有明显下降，收入最低的 10%的贫困人口综合福利指数增长率下降至 6. 47%，收入最高的 10%的人口的综合福利指数增长率下降至 5. 75%。经 PCPI 调整后，各收入百分位点上综合福利指数增长率进一步下降，与平均名义综合福利指数增长率相比，收入最低的 10%的贫困人口下降了 4. 23 个百分位点，是所有收入百分位点上综合福利指数增长率下降幅度最大的；位于收入最低的 20%的人口综合福

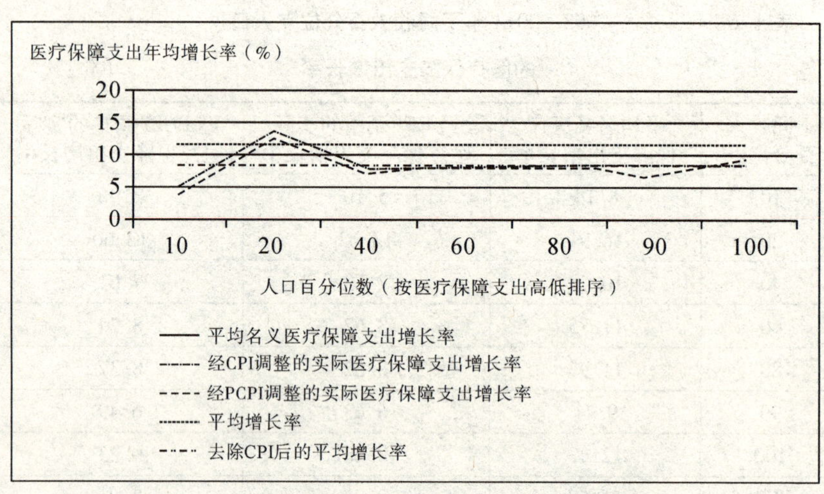

图 4-3　2002—2014 年名义医疗保障支出 GIC 曲线

以及经过 CPI 和 PCPI 调整后的医疗保障支出 GIC 曲线

利指数增长率下降了 4.05 个百分位点，仅次于收入最低的 10%人口的综合福利指数增长率的下降幅度。随着收入不断增长，综合福利指数的下降幅度越来越小，处于最高百分位点人口的综合福利指数下降幅度为 3.1 个百分位点，是所有百分位点下降幅度最小的。这说明收入越高的群体，其综合福利指数受物价指数的负面影响越小。

表 4-7　　2002—2014 年不同收入百分位点人口的综合福利指数增长率　　单位:%

不同收入百分位点	平均名义综合福利指数增长率	经 CPI 调整的实际综合福利指数增长率	经 PCPI 调整的实际综合福利指数增长率
10	9.54	6.47	5.31
20	9.87	6.79	5.82
40	9.91	6.82	6.15
60	10.11	7.02	6.65
80	10.22	7.13	6.68

表4-7(续)

不同收入百分位点	平均名义综合福利指数增长率	经 CPI 调整的实际综合福利指数增长率	经 PCPI 调整的实际综合福利指数增长率
90	9.70	6.62	6.48
100	8.80	5.75	5.70
平均	9.66	6.58	6.15

从图 4-4 来看，无论是没有经过物价指数调整的名义 GIC 曲线还是分别经过 CPI 指数和 PCPI 指数调整的实际 GIC 曲线均与相应的平均增长率十分接近。收入处于 10%以下的贫困人口，名义综合福利指数增长率和经过 CPI 调整的实际综合福利指数增长率均小于相应的平均增长率，综合福利指数增长在弱绝对意义上是益贫的，在相对意义上不是益贫的。

经过 PCPI 调整后的贫困人口，其综合福利指数增长率小于相应的平均增长率，教育支出在弱绝对意义上是益贫的，但是在相对意义上不是益贫的。

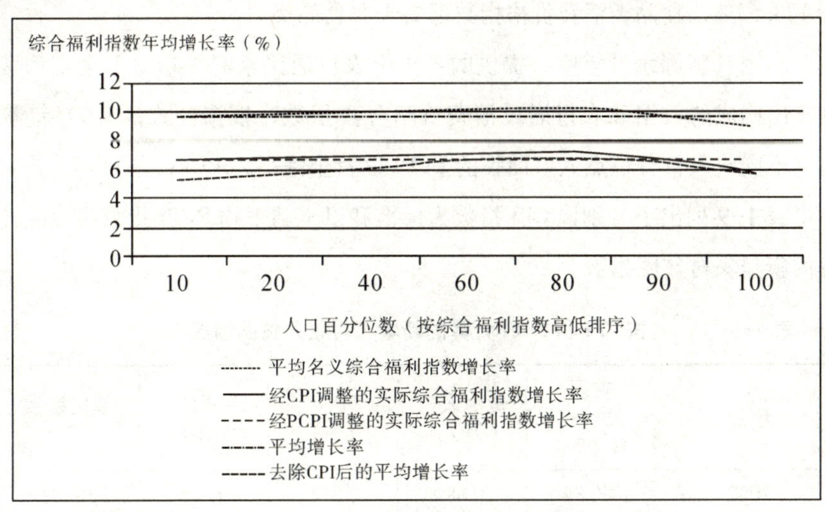

图 4-4　2002—2014 年名义综合福利指数 GIC 曲线以及经过 CPI 和 PCPI 调整后的综合福利指数 GIC 曲线

三、新疆农村多维益贫式增长分析

（一）收入益贫式增长分析

1. 分别基于 CPI 指数与 PCPI 指数计算的新疆农村贫困指数

根据《新疆统计年鉴》提供的各年份新疆城市居民消费价格分类指数可以得到以 2002 年为基期的 2014 年的定基 CPI 分类指数，如表 4-8 所示。

表 4-8　　2002—2014 年新疆农村 CPI 指数　　单位:%

年份	食品	非食品	CPI
2002	100	100	100
2014	235.38	128.53	162.09

从表 4-8 可以看到，以 2002 年为基期，2014 年新疆农村 CPI 指数为 162.09%，其中食品类消费价格指数为 235.38%，非食品类消费价格指数为 128.53%，食品类消费价格指数远高于非食品类。

利用《新疆统计年鉴》提供的各年份农村居民家庭平均每人全年消费性支出构成的数据和农村居民消费价格分类指数，根据公式（4.6）计算得到不同收入百分位点人口面临的 PCPI 以及全疆平均 PCPI。

表 4-9 列出了分别以 CPI 指数为标准和以全疆平均 PCPI 指数为标准计算的新疆农村贫困指数。

表 4-9　　按 CPI 和 PCPI 计算的新疆农村收入贫困情况

年份	贫困发生率 H（%）	贫困人口（万人）	PG（%）	SPG（%）	基尼系数（%）
2002	13.34	168	3.42	1.18	38.07
2014	22.25	276	7.99	4.06	54.22

表4-9(续)

年份	贫困发生率 H（%）	贫困人口（万人）	PG（%）	SPG（%）	基尼系数（%）
2014（经 CPI 调整）	48.7	604	18.37	9.81	54.19
2014（经 PCPI 调整）	49.55	614	20.11	10.92	51.85

2014 年与 2002 年相比，采用现价计算的贫困发生率、贫困严重程度、贫困强度分别上升了 8.91 个百分点、4.57 个百分点和 2.88 个百分点，上升幅度较大；代表收入不平等程度的基尼系数也从 2002 年的 38.07%上升到 2014 年的 54.22%。此外，从表 4-9 可以看到，无论用哪种指数缩减，2014 年与 2002 年相比，贫困人数都有了大幅上升，贫困严重程度 PG 和贫困强度 SPG 均有不同程度加深，表示收入不平等的基尼系数也大幅度提高。

采用不同的指数作为缩减方法所得到的结果也有差异。以 PCPI 指数为标准计算的三种贫困指数均高于以 CPI 指数为标准的贫困指数。其中贫困发生率上升了 0.85 个百分点，贫困人口增加了 10 万人，贫困强度增加了 1.11 个百分位点，表明贫困人口内部的不平等程度加剧。可见 PCPI 对贫困的恶化程度（包括贫困人口、贫困严重程度、贫困强度等方面）的显示均超过了 CPI。基于 PCPI 计算的基尼系数略低于基于 CPI 计算的结果，但是也达到了 51.85%。这说明新疆农村物价上涨对贫困人口的不利影响同样超过人们通过官方公布的 CPI 指数所看到的结果。

2. 名义 GIC 曲线与实际 GIC 曲线

表 4-10 显示了在没有考虑物价上涨因素的情况下，2002—2014 年，600 元以下收入组的收入增长率为负值，其他收入组收入都有不同程度增长。其中 5 000 元以上收入组的收入增长达到了 8.32%，远远超过了其他收入组的收入增长。

经过 CPI 调整后不同收入组人口的收入增长率都有明显下降，除了

5 000元以上收入组的收入增长率达到了4.05%，其他收入组的收入增长均为负值，其中600元以下的收入组的收入下降幅度尤其大。

经PCPI调整后，各收入组收入增长率进一步下降，与经过CPI调整后不同收入组人口的收入增长率的分布情况相似，仅有5 000元以上收入组的收入增长率达到了4.19%，甚至比经过CPI指数调整后的增长幅度还大。但其他收入组的收入增长率均为负值，其中600元以下的收入组的收入增长率在-4%以下，明显低于其他收入组。这说明物价上涨对处于社会最底层的农村贫困人口的负面影响最大。

表4-10　　2002—2014年不同收入组人口的收入增长率　　单位:%

不同收入组	平均名义收入增长率	经CPI调整的实际平均收入增长率	经PCPI调整的实际平均收入增长率
0~400元	-0.32	-4.25	-4.53
400~600元	-0.04	-3.98	-4.64
600~1 000元	1.5	-2.28	-1.28
1 000~1 200元	1.71	-2.31	-3.36
1 200~1 500元	1.72	-2.29	-2.83
1 500~1 700元	1.43	-2.57	-3.09
1 700~2 000元	1.43	-2.57	-2.86
2 000~2 500元	1.79	-2.23	-2.71
2 500~3 000元	1.78	-2.24	-2.86
3 000~3 500元	1.46	-2.54	-3.12
3 500~4 000元	1.18	-2.81	-3.3
4 000~4 500元	1.15	-2.84	-3.13
4 500~5 000元	1.06	-2.93	-3.33
5 000元以上	8.32	4.05	4.19
平均	13.73	9.24	9.25

得到相关年份的洛伦茨曲线以及不同收入组上的PCPI指数后，根据公式（4.1）~（4.5），可以描绘出新疆农村名义GIC曲线和考虑不同收入群

体消费结构的实际的 GIC 曲线。从图 4-5 来看，无论是没有经过物价指数调整的名义 GIC 曲线还是分别经过 CPI 指数和 PCPI 指数调整的实际 GIC 曲线均呈右上方倾斜，表明农村经济增长是非益贫的，经济增长带来的收益主要由最高收入组的群体获得。

经过 CPI 指数和 PCPI 指数调整过的 GIC 曲线，除了最高收入组在横轴上方，其他收入组均在横轴下方，这意味着考虑物价因素后，除了最高收入组的人口，其他收入组的实际收入增长均为负值。从不同收入组来看，收入越低，收入下降速度越快，说明 2002—2014 年这十二年间，中低收入群体均没有从经济增长中获得收益。新疆农村经济增长无论在弱绝对意义上、相对意义上还是强绝对意义上均不是益贫的。

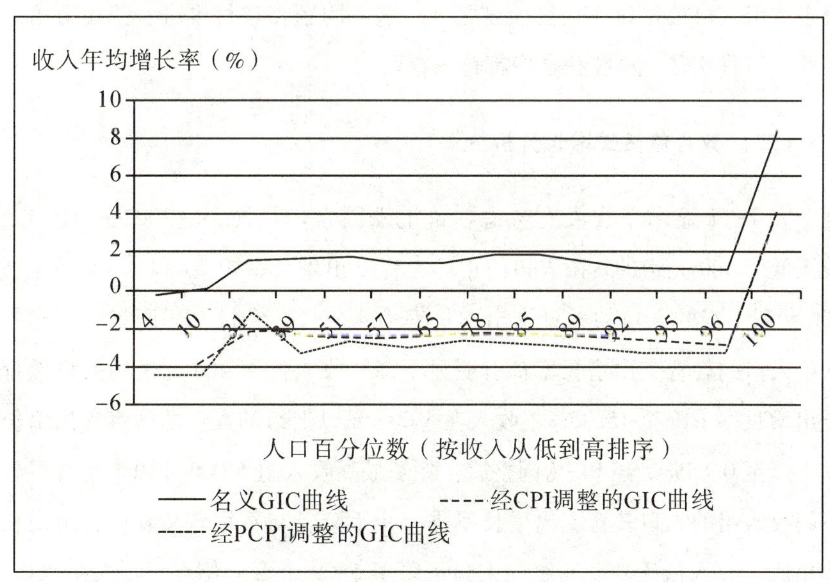

图 4-5　2002—2014 年名义收入 GIC 曲线
以及经过 CPI 和 PCPI 调整后的收入 GIC 曲线

图 4-5 中，不同收入百分位点上经 CPI 调整的 GIC 曲线和经 PCPI 调整的 GIC 曲线之间的距离随着收入百分位点的不断升高而变窄，说明物价上

涨尤其是食品类消费品价格的快速上涨对贫困人口的负面影响高于非穷人。收入越高，以食品类消费价格上升为推手的物价上涨的负面影响越小。

从上述分析来看，新疆农村收入贫困人口并没有能从扶贫开发中获得与非贫困人口同等的收益。与全国类似，以往新疆的扶贫开发是以区域为对象的。尽管贫困县和贫困村覆盖的贫困人口占总贫困人口的大多数，扶贫项目的实施却依然面临第二次瞄准的问题，扶贫开发带来的好处更多地被贫困地区内部的中等甚至高收入家庭享用。由扶贫项目提供的道路、供电、供水、农业产业等，在贫困县和贫困村中的非贫困人口从中受益往往更大。然而，扶贫投入的资源是有限的，非贫困人口所占的比例越高，扶贫资源漏出的可能性也越大。另外，对扶贫项目配套资金的要求过高，使很多贫困人口被排斥在扶贫项目之外。这一问题在整村推进、劳动力培训转移、信贷扶贫、科技扶贫中都普遍存在。

（二）教育益贫式增长分析

表4-11显示了在没有考虑物价上涨因素的情况下，2002—2014年，收入低于400元组的贫困人口的年均教育支出增长率为20.71%，收入在5 000元以上组的人口的教育支出增长率为4.99%。经过CPI调整后不同收入组人口的教育支出增长率都有明显下降，收入低于400元组的人口教育支出增长率下降至15.95%，收入在5 000元以上组的人口的教育支出增长率下降至0.84%。经PCPI调整后，除了最高收入组5 000元以上组外，各不同收入组的人口教育支出增长率进一步下降，与平均名义教育支出增长率相比，收入低于400元组的人口下降了5.09个百分位点，收入在400~600元组的人口教育支出增长率下降了5.35个百分位点，是所有收入组中教育支出增长率下降幅度最大的，仅次于收入低于400元组的人口教育支出增长率的下降幅度。这说明物价上涨对处于社会最底层的贫困人口的教育发展负面影响最大。

表 4-11　2002—2014 年不同收入组人口的教育支出增长率　单位:%

不同收入组	名义教育支出增长率	经 CPI 调整的实际教育支出增长率	经 PCPI 调整的实际教育支出增长率
0~400 元	20. 71	15. 95	15. 62
400~600 元	16. 04	11. 46	10. 69
600~1 000 元	21. 99	17. 18	18. 37
1 000~1 200 元	-0. 12	-4. 06	-5. 09
1 200~1 500 元	12. 82	8. 37	7. 78
1 500~1 700 元	-1. 8	-5. 67	-6. 17
1 700~2 000 元	5. 19	1. 04	0. 74
2 000~2 500 元	10. 33	5. 97	5. 45
2 500~3 000 元	4. 57	0. 44	-0. 19
3 000~3 500 元	-1. 37	-5. 26	-5. 83
3 500~4 000 元	-0. 77	-4. 69	-5. 16
4 000~4 500 元	2. 81	-1. 25	-1. 54
4 500~5 000 元	4. 67	0. 54	0. 12
5 000 元以上	4. 99	0. 84	0. 98
平均	15. 57	11. 01	11. 02

从表 4-11 和图 4-6 来看，2002—2014 年，无论是名义的、经过 CPI 调整的、经过 PCPI 调整的 1 000 元以下低收入组群体教育支出增长率均高于其他收入组，也高于全疆平均增长率。GIC 曲线总体呈向右下方倾斜的趋势，新疆教育维度实现了弱绝对益贫式增长和相对益贫式增长。这主要得益于中央和新疆政府对教育的大力投入。长期以来，新疆的教育投入高于全国平均水平。中央开展新疆工作座谈会之前，全疆每年教育投入 200 多亿元；2010 年以后，教育惠民工程全面推进，教育平均年投入 500 多亿元，财政性教育经费支出占地区生产总值的比例连续多年高于 4%的国家规定目标。并实施了农村义务教育薄弱学校改造计划、农村中小学校舍维修

改造等教育基础设施建设项目。从2013年9月起，新疆集中连片特困地区南疆三地州的普通高中在校生免学费、免教材费和免住宿费，同时国家财政为每位学生每年补贴1 500元助学金。2014年，“三免一补”范围进一步扩大，阿克苏地区的高中生也被纳入南疆教育资助政策的范围。这几个南疆地州初中毕业生升入高中阶段的比例已由2009年的38%提高到2014年的84%，新疆教育事业发展进入改革开放以来最好、最快的时期。

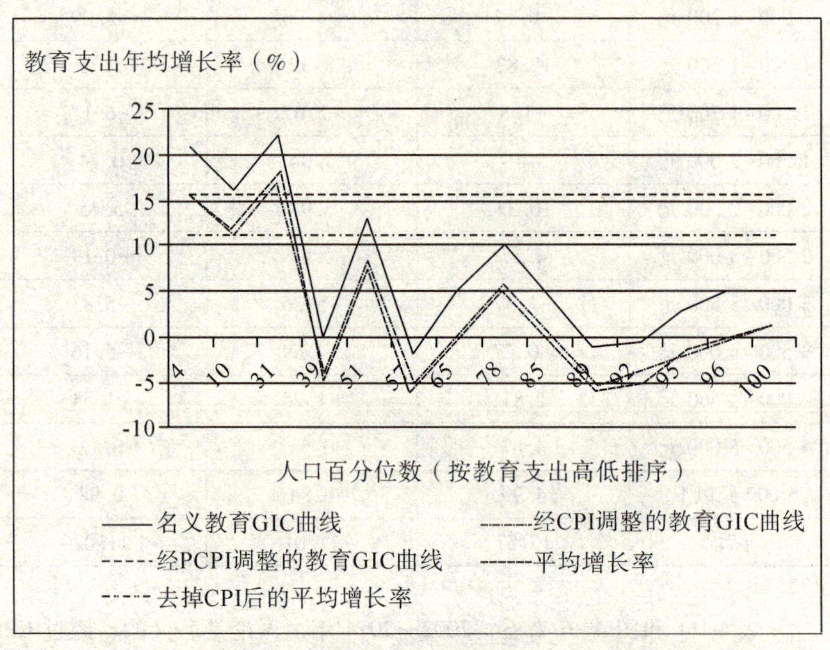

图4-6　2002—2014年名义教育GIC曲线
以及经过CPI和PCPI调整后的教育GIC曲线

（三）健康益贫式增长分析

表4-12显示了在没有考虑物价上涨因素情况下，2002—2014年，收入为400元以下组的贫困人口的年均医疗保障支出增长率为25.01%，收入为5 000元以上组的医疗保障支出增长率为7.57%。经过CPI调整后不同收

入组人口的医疗保障支出增长率都有明显下降，收入为400元以下组的贫困人口医疗保障支出增长率下降至20.08%，收入为5 000元以上组人口的医疗保障支出增长率下降至3.33%。经PCPI调整后，各收入组人口的医疗保障支出增长率进一步下降，与平均名义医疗保障支出增长率相比，收入为400元以下组的贫困人口医疗保障支出增长率下降了5.28个百分位点，收入为400~600元组的人口医疗保障支出增长率下降了6.02个百分位点，是所有收入组人口医疗保障支出增长率下降幅度最大的，仅次于收入为400元以下组人口的医疗保障支出增长率的下降幅度。这说明物价上涨对处于社会最底层的贫困人口的负面影响最大。

表4-12　2002—2014年不同收入组人口的医疗保障支出增长率　单位:%

不同收入组	名义医疗保障支出平均增长率	经CPI调整的实际医疗保障支出平均增长率	经PCPI调整的实际医疗保障支出平均增长率
0~400元	25.01	20.08	19.73
400~600元	30.67	25.51	24.65
600~1 000元	5.97	1.79	2.83
1 000~1 200元	1.15	-2.84	-3.88
1 200~1 500元	5.94	1.76	1.21
1 500~1 700元	5.02	0.88	0.34
1 700~2 000元	14.18	9.68	9.35
2 000~2 500元	7.74	3.49	2.98
2 500~3 000元	9.1	4.79	4.13
3 000~3 500元	3.42	-0.66	-1.25
3 500~4 000元	5.08	0.94	0.43
4 000~4 500元	3.98	-0.12	-0.42
4 500~5 000元	7.83	3.58	3.15
5 000元以上	7.57	3.33	3.47
平均	17.86	13.21	13.22

从表4-12和图4-7来看，2002—2014年，无论是名义的、经过CPI

调整的、经过 PCPI 调整的600 元以下低收入组群体的医疗保障支出增长率均高于其他收入组且高于全疆平均增长率。GIC 曲线总体呈向右下方倾斜的趋势，新疆健康维度实现了弱绝对益贫式增长和相对益贫式增长。2010 年后，19 个对口支援省市在新疆卫生基础设施建设、医疗装备、卫生人才培养各个领域，采取特殊政策给予支持。

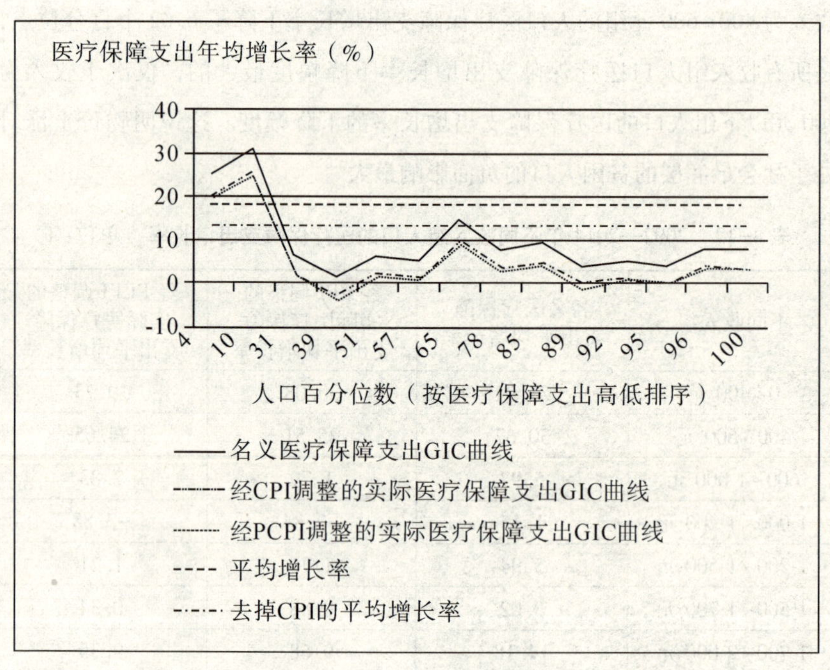

图 4-7　2002—2014 年名义医疗保障支出 GIC 曲线
以及经过 CPI 和 PCPI 调整后的医疗保障支出 GIC 曲线

（四）多维益贫式增长分析

表 4-13 显示了在没有考虑物价上涨因素的情况下，2002—2014 年，收入为 400 元以下组的人口的年均综合福利指数增长率为 14.07%，收入为 5 000 元以上组人口的年均综合福利指数增长率为 5.40%。经过 CPI 调整后不同收入组人口的综合福利指数增长率都有明显下降，收入为 400 元以下

组人口的年均福利综合指数增长率下降至 9.57%，收入为 5 000 元以上组人口的年均综合福利指数增长率下降至 1.24%。经 PCPI 调整后，各收入组的综合福利指数增长率进一步下降。经过 CPI 和 PCPI 调整后的综合福利指数，除了最低收入组（0~400 元）、次低收入组（400~600 元）和最高收入组（5 000 元以上）的综合福利指数是正值以外，其他组均为负值，其中名义的、经过 CPI 调整的、经过 PCPI 调整的 0~400 元组综合福利指数增长率或者等于或者大于平均增长率。

表 4-13　2002—2014 年不同收入组人口的综合福利指数增长率　单位:%

不同收入组	名义综合福利指数平均增长率	经过 CPI 调整的综合福利指数平均增长率	经过 PCPI 调整的综合福利指数平均增长率
0~400 元	14.07	9.57	9.26
400~600 元	5.51	1.35	0.65
600~1 000 元	3.02	-1.05	-0.04
1 000~1 200 元	0.14	-3.81	-4.84
1 200~1 500 元	1.29	-2.71	-3.24
1 500~1 700 元	0.26	-3.69	-4.20
1 700~2 000 元	1.60	-2.41	-2.70
2 000~2 500 元	1.45	-2.55	-3.03
2 500~3 000 元	0.85	-3.13	-3.74
3 000~3 500 元	0.08	-3.87	-4.44
3 500~4 000 元	0.32	-3.64	-4.12
4 000~4 500 元	0.49	-3.47	-3.76
4 500~5 000 元	0.63	-3.34	-3.74
5 000 元以上	5.40	1.24	1.38
平均	14.07	9.57	9.58

从图 4-8 来看，无论是没有经过物价指数调整的名义 GIC 曲线还是分

别经过 CPI 指数和 PCPI 指数调整的实际 GIC 曲线均呈右下方倾斜。贫困人口的收入增长率大于非贫困人口的收入增长率，说明 2002—2014 年，新疆农村经济增长无论在弱意义上还是相对意义上均是益贫的。

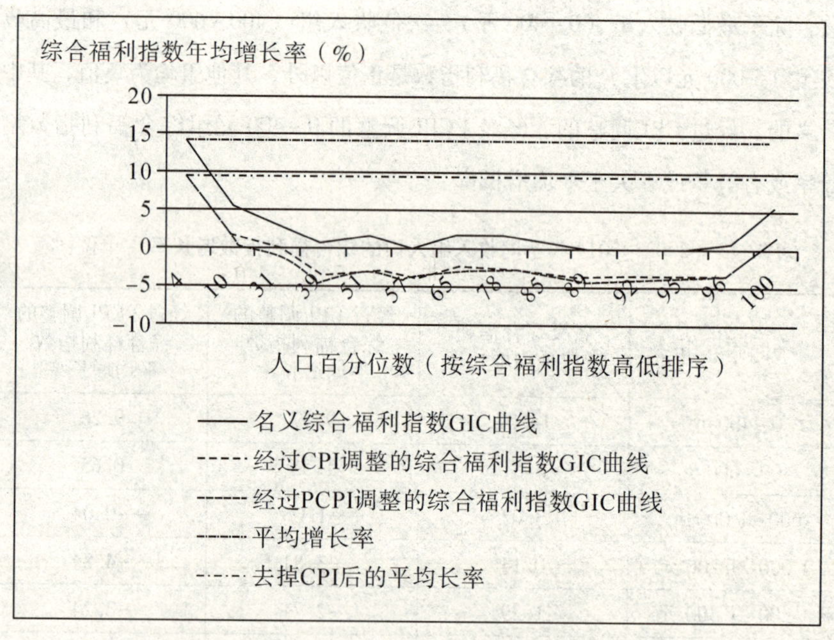

图 4-8　2002—2014 年综合福利指数 GIC 曲线

以及经过 CPI 和 PCPI 调整后的综合福利指数 GIC 曲线

四、小结

（1）分析贫困人口经济增长的益贫性时，建议将考虑不同收入群体消费结构的价格指数如 PCPI 指数作为缩减工具。分析结果表明，当不同收入群体的消费结构中食品类和非食品类消费权重大致相同时，利用 CPI 指数对收入增长率进行缩减才比较准确。但是由于新疆城乡居民的食品类消费品价格上涨幅度要高于非食品类，不同收入群体的消费水平和结构差异较大，利用 CPI 指数缩减收入增长率将高估实际贫困水平和经济增长的益贫性。对新疆城乡教育和健康的益贫式增长的分析也得出了类似的结论，即经过 PCPI 指数调整后的教育和健康实际增长率与经过 CPI 指数调整后的实际增长率相比，不同收入群体的实际增长率都有不同程度的下降。这说明利用 CPI 指数缩减收入、健康、教育增长率，不能真实反映新疆以食品类消费价格上涨为推手的物价上涨结构的不均衡性，而且会高估新疆经济增长的益贫性。利用 PCPI 指数调整增长率更符合新疆城乡实际情况。

（2）物价上涨尤其是食品类消费品价格的快速上涨，对城乡尤其是农村收入贫困人口的负面影响远高于非贫困人口。2002—2014 年，新疆城乡食品类消费品价格上涨速度远高于非食品类消费价格，农村高于城市。因此，对于新疆城乡尤其是农村来说，以食品价格上涨为推手的物价上涨对收入贫困人口的不利影响远超过了人们通过官方公布的 CPI 指数所看到的结果。由于贫困人口收入增长慢，恩格尔系数高，更容易受到食品价格上涨的负面影响。其中，农村居民所面临的问题多于城镇居民，因为他们面临着实际收入的不升反降，更高的食品价格涨幅，更大的食品消费占比。但同为贫困人口，城镇贫困人口的状况更为恶劣，尽管其收入增长快于农村低收入人群，但是城市生活使他们面临更大的教育、健康等支出压力，并承载着城镇内部分配不公的结果。最后要指出的是，食品价格上涨所带来的更为深远的负面影响在于：上升的食品价格挤占了原本可以从收入增长中获得的其他的发展机会，比如教育、卫生等。食品价格上涨给贫困人口带来更大的支出压力的同时，还剥夺了穷人公平发展的机会。

（3）农村收入增长不具有益贫性，但是教育和健康增长具有较强的益贫性。分析结果表明，新疆农村最低收入人口的收入呈负增长，收入贫困人口没有分享到经济增长的成果。究其原因，主要是农村收入分配的不平等性不断升高，在收入高度不平等的背景下，经济增长带来的好处更多地被农村地区内部的高收入家庭享用，而贫困人口很有可能被排除在市场机会之外，或者缺乏从经济增长中受益的资源条件，无法从经济增长中获得收益。在这种情况下，即使农村经济保持较高速度增长，高度的收入不平等也会使减贫变得更加困难。

新疆各级政府按照“学有所教、劳有所得、病有所医、老有所养、住有所居”构建和谐社会的总体要求，大力发展农村公共事业，不断提高农村基本公共服务水平，让低收入群体得到了更多的实惠。新疆农村低收入群体较多，九年义务教育的实施在提高农村义务教育普及率、降低文盲率等方面取得了突出的成绩。始于2013年的南疆地区12年义务教育的实施为新疆沉重的人口负担转化为人力资源优势做出了积极贡献。此外，医疗卫生服务体系是健康保障的基础，随着基层医疗卫生服务体系和新农合制度的逐步完善，农村人口获得了方便有效的医疗卫生服务。总的来说新疆农村教育、医疗卫生等公共事业的发展具有较强的益贫性特征。

（4）在新疆农村不同收入群体之间，国民收入在初次分配和再分配过程中不断向高收入群体倾斜，不利于中低收入群体增加收入。2002—2014年新疆5 000元以上收入组的名义收入增长率达到了8.32%，600元以下收入组的收入增长率为负值；分别经过CPI指数和PCPI指数调整后的5 000元以上收入组的实际收入增长率在4%以上，但是其他中低收入组的实际增长率为负值，即其实际收入不升反降。高收入群体的收入增速高于其他收入组，这意味着经济增长对各收入群体的影响并非是均质的，而是更有利于收入相对较高的人群，中低收入群体并没有从经济增长中获得收益。

与高收入群体相比，中低收入者消费倾向低。因此，高收入群体收入水平越高，收入增长速度越快，就越有利于增加社会储蓄，而不利于消费。只有提高中低收入群体的收入水平，将低收入者越来越多地变为中等收入者，才能刺激消费增长。所以，调整农村收入分配结构，让居民特别是中低收入群体增加收入是新时期新疆农村经济益贫式增长战略中的重要任务。

（5）城镇收入增长具有较强益贫性，健康增长的益贫性较弱，教育不具有益贫性。无论是没有经过物价指数调整，还是经过CPI指数和PCPI指数调整，新疆城镇最低收入10%以下群体的收入增长率均大于其他收入群体，说明新疆城镇经济增长无论是在弱绝对意义上，还是在相对意义上都是益贫的。消除物价上涨因素和物价上涨结构的影响，城镇健康增长的益贫性在弱绝对意义上是益贫的，但是在相对意义上不是益贫的。而处于最低收入10%以下的贫困人口的教育支出增长率为负值，因此，教育支出增长率在弱绝对及相对意义上都不是益贫的。

近年来，得益于援疆建设和大规模的民生工程，随着新疆城镇经济的快速增长，新疆城镇低收入群体的收入大幅上升，其增长速度超过了其他收入群体，收入分配向低收入群体倾斜，新疆城镇经济增长和对穷人有利的收入分配相结合的发展战略使得城镇贫困程度有明显下降。但是城镇收入贫困状况的好转并没有转化为非收入福利的改善，城镇健康事业发展益贫性较弱，而教育事业发展不具有益贫性特征。究其原因，与我国教育和医疗卫生事业的改革背景密切相关。教育、医疗卫生的市场化体制改革给低收入家庭不断地带来冲击，地区间教育和医疗卫生资源分配严重不平衡，使得教育贫困人口和健康贫困人口越来越难以充分享受到教育和健康进步所带来的好处。

（6）物价上涨结构的不平衡对城乡健康增长的益贫性影响不大。经过CPI指数调整后，与2002年相比，2014年新疆城乡不同收入群体的健康平均增长率有了明显下降。利用PCPI指数进一步调整后，城乡健康平均增长率没有明显变化，说明食品类和非食品类消费品价格结构变化的异质性对城乡健康增长的益贫性影响不大，表明城乡不同收入群体对医疗卫生服务的迫切需求不因收入水平差异和食品类消费品价格上涨过快而有所变化。因此，新疆政府加大城乡基本公共服务投入时，基本公共服务供给决策者应尊重城乡居民需求，充分考虑不同群体需求差异，改变城乡区域基本公共服务总量和结构差距不断扩大的局面，推进基本公共服务尽早实现均等化。

（7）贫困人口的收入增长并不一定带来其非收入福利方面的改善。对城镇益贫式增长的分析表明，贫困人口的收入大幅增长，并不能保证其非收入福利也将大幅增长；而对农村益贫式增长的分析也表明，虽然低收入群体的收入进一步下降，但是其非收入福利方面却可能得到很大改善。因此对收入福利和非收入福利之间的关系不能持想当然的态度。本章研究结果表明，收入增长仍然是改善非收入福利的关键推手，但是与收入贫困的情况不同，经济增长并非改善非收入贫困的必要条件。此外长期稳定的经济增长可以促进非收入福利方面的改善。

（8）新疆城乡经济增长的减贫效果和反映不平等程度的基尼系数存在高度相关性，表明新疆多维贫困减缓与总体经济增长之间并非是单向关系，即经济增长并非先天有益于多维贫困减缓。多年来，新疆经济持续保持较高速度增长，但是近年来农村低收入群体的收入、城镇低收入群体的教育和健康的福利并没有得到改善，主要是因为收入和非收入分配的高度不平等，其主要表现在城乡之间、地区之间、农村内部之间的差距不断扩大。收入和非收入福利分配的不平等将使经济增长的减贫效果大打折扣，仅靠经济增长并不能实现经济增长的益贫性。本研究认为，经济增长能够自动惠及所有群体，绝对贫困会因此下降的涓滴理论在新疆减贫实践中并不成立。而益贫式增长强调了公平的经济增长模式，体现了基于提高居民的能力、消除社会排斥为主要手段的反贫困理念。这可以有效地防止新疆经济陷入有增长无发展的“陷阱”。因此，改变经济增长方式，提高经济增长的质量，同时优化收入和非收入福利的分配格局将对穷人更有利，对减贫更有效。

（9）考虑物价因素，城镇综合福利指数增长的益贫性较弱，农村综合福利指数增长的益贫性较强。考虑收入、教育、健康的综合影响，构建综合福利指数进行益贫式增长分析，发现城镇收入增长具有较强的益贫性，教育和健康增长的益贫性不容乐观；收入增长的益贫性并没有促进非收入福利增长的益贫性。从总体来看，受城镇教育和健康增长的影响，城镇综合福利指数增长的益贫性较弱。农村收入增长虽然不具有益贫性，但是教育和健康增长具有较强的益贫性，因此受这两者的影响，农村综合福利指数增长的益贫性较强。

（10）收入视角下，新疆农村减贫效果趋势放缓是经济增长质量不高和收入分配不断恶化共同作用的结果。新疆经济增长质量下降可以从以下几个方面说明：农民人均收入和消费水平增长远低于人均地区生产总值增长；农业部门增加值占地区生产总值比重、农业部门就业人数占总就业人数比重、农民人均纯收入占人均地区生产总值比重、农业劳动生产率（农业增加值/农业就业人数）占全疆平均劳动生产率比重均呈下降趋势，这在一定程度上对减贫产生了负面影响；农村就业机会不足；等等。农村收入分配不断恶化，主要表现在城乡居民在收入、消费、税收、转移支付、公共服务等方面的差距巨大；新疆不同地区、农村内部收入差距也不断扩大。此外，自治区政府在制定新疆发展规划上的不同侧重，也是南北发展不均衡的关键原因。不断扩大的收入差距意味着相对贫困的人口从经济增长中没能获利或获得的利益较小。就扶贫而言，扶贫开发带来的好处可能更多地被贫困地区内部的中等甚至高收入家庭享用；而扶贫资源是有限的，非贫困人口所占比重越大，扶贫资源漏出的可能性也越大。

新疆经济增长的减贫实践表明，高速的经济增长不能自动惠及穷人，低质量的、不利于低收入群体的经济增长无法使低收入群体充分享受到发展的成果。在未来减贫过程中必须协调经济增长和收入分配之间的关系，增强经济增长的减贫效果。

（11）新疆经济增长必须以更加益贫为目标，通过提高经济增长的质量和降低收入、获得医疗和教育的机会等方面的成果分配的不平等程度，确保贫困人口的人均生活水平得到改善。虽然新疆总体贫困水平得到改善，但是很多农村和城镇地区的家庭处于或略高于贫困线的水平，很容易因为获得医疗服务和教育的成本上升，或更普遍地因社会保障体系不健全而返贫。近年来由于粮食价格上涨及环境条件变化，城乡贫困家庭变得更加脆弱。因此，对新疆而言，关键的问题是应充分认识到经济增长有必要与医疗卫生、营养与教育等社会发展领域的成果相协调，确保经济增长的质量不会因不平等程度的增加而削弱，并制定社会和福利等公共政策来尽量满足弱势家庭的需求。为了寻求解决贫困群体的脆弱性和社会不平等问题的途径，除了确保经济增长的质量外，必须把公共政策作为关注的焦点，关注政府制定的公共政策是否有利于穷人并可持续，以及如何进一步完善公共政策。

（12）新疆未来实施益贫式增长发展战略，必须考虑效率和公平之间的关系问题。从改革开放以来新疆经济增长的减贫效果来看，新时期政府应对以经济增长为导向的扶贫战略进行调整，实施益贫式增长减贫战略。益贫式增长强调收入分配向穷人倾斜。新疆发展相对落后，实施益贫式增长发展战略，必须权衡效率和公平之间的关系。就新疆目前的发展阶段而言，如果过早强调公平可能会影响效率（即增长），进而对脱贫产生相反作用。因此扶贫工作应把握好公平和效率之间的关系，循序渐进，保证减贫的可持续性。

第五部分　益贫式增长的实践：来自亚洲国家的经验

20世纪70年代和80年代亚洲国家成功的减贫实践表明，高速的经济增长、低的初始不平等和益贫式分配变动能够十分有效地减少贫困（世界银行，1993）。对20世纪80年代和90年代发展中国家样本的贫困变动分析也表明，快速的经济增长对减贫至关重要（Dollar and Kraay，2002；Foster and Szekely，2001；Kraay，2006；Ravallion and Chen，1997）。同时收入的不平等也影响着经济增长的减贫速度，收入分配倾向于非穷人的国家的经济增长带来的减贫效果并不理想（Bourguignon，2004；Ravallion，1997，2004）。

尽管我们一直关注经济增长和不平等在减贫中所起到的作用，但是对宏观经济增长策略如何影响贫困家庭参与到经济增长中并从中获得收益的能力了解得很少。本章研究亚洲4个国家（印度、印度尼西亚、越南和孟加拉国）在经济发展过程中，使穷人广泛参与到经济增长过程中的成功和不成功的实践经验，为中国如何实现益贫式增长提供可参考的思路和视角。

印度尼西亚在20世纪60年代到90年代中期，经济增长伴随着贫困程度大幅下降，该国在这段时期的突出表现得到了世界银行等国际机构的认可。它的经济增长和减贫实践经验被认为是益贫式增长的典范。本研究分析印度尼西亚在经济发展过程中如何成功使穷人广泛参与到经济增长过程中并实现益贫式增长的经验，为发展中国家实施益贫式增长战略提供可参考的思路和视角。

一、印度尼西亚的益贫式增长

（一）印度尼西亚的经济增长、贫困和不平等

1945 年印度尼西亚宣布独立后，进行了四年反击欧洲国家入侵的战争，直到 1949 年荷兰向印度尼西亚移交全部主权后，印度尼西亚国内独立的经济建设才开始。1945 年开始，印度尼西亚实施国家主导型工业化政策，但是由于技术、资金等条件的限制，计划实施效果不理想，到 1965 年时 GDP 年均增长率甚至下降为 0.95%。1965 年由于经济衰退和物价飞涨导致军事政变。苏哈托上台执政后，起用大批技术官僚，致力于经济发展，印度尼西亚经济迅速恢复，到 1968 年时 GDP 年均增长率达到了 12.03%。此后，印度尼西亚经济一直保持持续增长。持续高速的经济增长被认为是印度尼西亚贫困下降的主要原因。

20 世纪 60 年代到 90 年代中期，印度尼西亚贫困发生率下降速度很快，从 1966 年的大约 70%下降到 90 年代的 15.1%。经测算，1950—1965 年其益贫式增长率是 2.37%，1965—1990 年为 6.56%。这一时期良好的外部环境促进了印度尼西亚的益贫式增长。在 20 世纪 60 年代后期，新的高生产率农业技术出现在世界上，此时正是印度尼西亚实施经济策略和农村投资的时期。20 世纪 80 年代外国直接投资大量涌入东南亚，这期间印度尼西亚正着手构建劳动力密集型和出口导向型的制造部门，因此外部环境对印度尼西亚的经济发展极为有利。这段时期，印度尼西亚通过降低要素和产品市场的交易成本来整合宏观经济和家庭经济，把两个不同的经济层面联系

在一起，采取了投资拉动的经济增长策略和确保增长能惠及穷人的政策。穷人从经济增长中获得了很多收益，贫困快速下降。

20世纪90年代后期，亚洲金融危机暴露了印度尼西亚经济的脆弱性，城市房地产和金融市场崩溃，卢比的贬值造成了大米市场的混乱，GDP的大幅下降（仅1998年就下降了13%）导致贫困率上升，2002年贫困率超过了1996年的水平。但是由于印度尼西亚农业经济发展有坚实的基础，农业部门吸收了大量的劳动力，缓解了危机带来的影响。2000年以后，印度尼西亚经济增长率相对稳定，2000—2012年GDP年均增长率在3.64%~6.35%之间波动，城乡贫困发生率继续下降，2012年贫困发生率为12.36%。

从反映收入不平等的基尼系数来看，20世纪90年代中期以前，印度尼西亚的基尼系数在绝大部分年份里都在30%以下，收入不平等程度长期处于较低水平。20世纪90年代中期以后，印度尼西亚的贫富差距不断扩大。从世界银行提供的数据来看，1984年，印度尼西亚的基尼系数为30.47%，1999年降到29%；20世纪90年代中期以后，该指标不断上升，2005年为34.01%，2011年达到了38.1%。20世纪90年代中期以前，印度尼西亚10%最富裕人口收入所占比重与10%最贫困人口收入所占比重之比一直在6左右波动；2000年以后，该指标不断上升，2011年达到了9.56。

总的来说，20世纪60年代到90年代中期，由于印度尼西亚的经济政策制定者一直试图将穷人纳入经济增长过程中，经济增长的减贫效果良好，贫困人口从经济增长中受益颇多。这段时期，印度尼西亚快速的经济增长与较低的收入不平等程度相结合极大地降低了本国的贫困发生率，实现了益贫式增长。20世纪90年代后期以后，由于受国际和国内各种因素影响，印度尼西亚的经济增长速度放缓，收入不平等的程度升高，减贫速度放缓，这段时期经济增长的益贫程度远不如20世纪90年代中期以前。

（二）印度尼西亚实现益贫式增长的实践

印度尼西亚是有意识地制定和实施益贫式增长策略的少数发展中国家之一。1967年印度尼西亚开始实施益贫式增长策略，在减贫方面不断取得进步。20世纪60年代到90年代中期是印度尼西亚历史上经济增长最益贫的时期，这段时期印度尼西亚采取的措施主要有：

1. 加大对农村资金的投入，保持农业的快速增长

由于印度尼西亚60%以上的贫困人口生活在农村，印度尼西亚农业经济的快速发展对贫困人口减少有着重大意义。苏哈托政权对农业高度重视，采取了一系列措施，大力推广现代农业技术，在全国推广高产水稻和玉米、咖啡等农产品新品种，对化肥和农药给予价格补贴，向农民提供低息贷款等。1980年政府提供的化肥补贴为6 800万美元，1988年高达5.5亿美元。在印度尼西亚，绿色革命带来的新技术和对农村基础设施的大量投资促进了20世纪60年代到80年代较高的益贫式增长率。1990年，印度尼西亚政府规定，农业贷款比重应达到全国贷款总额的20%。由于农业生产受自然条件影响很大，政府对农产品价格实行保护以稳定农产品价格，因此农民收入不断提高。此外，印度尼西亚政府还大力投资农业基础设施，大量的农村基础设施建设使用的是劳动密集型技术，因为支付的工资比较低，所以工作机会自动瞄准贫困人口，自然而然增加了就业机会，穷人从而获益。现代农业生产技术的实施、政府对农业的各项优惠政策以及对农村基础设施的大力投资，使得从事农业生产的农村贫困群体获得利润更多，快速经济增长伴随着收入分配的改善，使得经济增长变得更加益贫。

2. 非贸易经济的繁荣

在20世纪80年代末至90年代初，印度尼西亚出口经济繁荣，GDP年均增长7%，几乎一半的经济增长是由非贸易货物和服务推动的。根据Mellor（2000）的减贫模型，非贸易商品和服务的繁荣发展使得农村地区大量人口脱离了失业和贫困。20世纪80年代，经济结构调整导致了大量人口

失业，非熟练工人收入低下，但是由于农业经济保持持续增长，劳动密集型出口快速增长，低收入群体的就业机会不断增加，该国的贫困率持续不断下降。20 世纪 70 年代到 90 年代中期，农业、制造业和非贸易部门的繁荣时期是印度尼西亚现代经济史上最典型的益贫式增长时期。

3. 宏观经济自由化改革

20 世纪 80 年代初，印度尼西亚实施宏观经济自由化改革，通过税制、贸易、投资和金融方面的经济自由化的改革，印度尼西亚实现了出口导向型的工业化战略。1989—1996 年，印度尼西亚 GDP 年均增长 6%以上。其中制造业增长最快，它在 GDP 中的比重由 1985 年的 13%上升到 1991 年的 20.9%；1986—1991 年，制造业就业率增加了 12.8%。经济自由化改革改变了印度尼西亚的经济结构和经济增长模式，外资的大量流入推动了制造业的发展以及劳动密集型产品的出口。经济的持续增长使得国家有更多的资金投入到社会发展领域，从而消除了大面积的贫困，提高了人民的生活水平。

4. 降低市场交易成本

印度尼西亚所倡导的经济增长导向型的宏观经济政策刺激了私营经济的发展。但是 20 世纪 80 年代以前，印度尼西亚私营经济快速扩张的制度基础并不到位，因此加强公共投资的措施被认为是必要的。除了 70 年代石油繁荣时期，印度尼西亚政府一直致力于投资基础设施建设和促进私人企业的发展。对基础设施的投资降低了市场联系的成本，创造了就业机会，提高了穷人的劳动生产率。实际上公共部门投资和管理的改进有助于降低交易成本，它把增长导向型的宏观经济政策和穷人广泛参与市场经济的机会联系起来。在印度尼西亚，基础设施的投资主要用于道路、通信网络、市场基础设施和港口以及灌溉和水利系统的建设。其中许多项目是劳动密集型的，这为没有技能的劳动者创造了就业机会。较低的交易成本意味着更多的市场机会和快速的经济增长，也意味着穷人参与市场经济变得更加容易。

5. 发展基础教育

苏哈托政府的一些社会政策，如制定最低贫困线、发放食品券等有效地促进了减贫工作。在苏哈托政府实施的一系列社会政策中，初等教育的普及对减贫产生了十分重要的影响。1974—1978 年印度尼西亚大规模修建学校，试图把资源集中在初等教育。1987 年，印度尼西亚全国小学入学率达到了 92%，其中农村小学入学率达到了 91%。中小学教育的发展保证了贫困人口受教育的权利和机会，增加了穷人的人力资本，从而极大地减少了由于缺乏基本教育而导致的贫困。

印度尼西亚的经验表明，即使是面临制度脆弱、贸易不发达、基础设施落后、社会发展滞后等问题，也能实现高速的经济增长和贫困发生率的下降。苏哈托时代的印度尼西亚把快速的经济增长、向穷人倾斜的社会经济政策相结合以确保经济增长能惠及穷人。这个策略通过降低要素市场和产品市场的交易成本把宏观经济和家庭经济整合在一起，从而把宏观和微观层面上的经济联系起来。此外，对人力资本的公共投资和灵活、运作良好的劳动力市场扩大了贫困家庭参与市场经济的能力。印度尼西亚益贫式增长的经验提示我们，实现益贫式增长要求保持持续快速的经济增长和实施向穷人倾斜的社会经济政策，可采取的措施包括增加贫困人口参与经济增长的机会、大力投资农业基础设施建设和基础教育、保持宏观经济稳定、完善劳动力市场等。

二、印度的益贫式增长

（一）印度的经济增长、多维贫困和不平等

1947 年印度独立时经济濒临崩溃。从 1956 年起，印度在连续几个五年计划中坚持实行优先发展重工业和基础工业的经济发展战略，从而使印度形成了比较完整的民族工业体系和国民经济体系，经济获得了一定程度

发展。20世纪50年代初期到70年代末的近30年间，印度经济的年均增长率仅为3.5%。20世纪80年代，由于进行了经济政策的重要调整，印度经济的年均增长率提高到5.6%。

但是经济调整也产生了一些不利影响，使印度经济在20世纪80年代末和90年代初出现了严重危机。在国际货币基金组织等国际机构的帮助下，1991年上台的拉奥政府在印度发起经济改革，推动了印度经济的自由化、市场化、全球化和现代化发展。印度GDP年均增长率从1991年的1.06%上升到1999年的8.46%。即使是在1997年发生在亚洲的金融危机时期，印度经济增长仍然达到了4.05%。21世纪初，印度经济处于低迷状态，2000—2002年，GDP年均增长率在3.91%~3.98%之间波动。2003年以后印度经济迅速恢复，除了2008年的金融危机使其经济增长率为3.89%以外，GDP年均增长率均在8%及以上，2010年甚至达到了9.55%。由于瓦杰帕伊坚持经济改革，2011年印度经济的年增长率尽管有所降低，然而依然高于世界上大多数国家的经济增长率，与世界发达国家经济衰退的情况形成鲜明对比。

20世纪70年代印度的人均收入增长率为0.8%，而80年代和90年代为3.6%。在20世纪90年代，人均消费年均增长3%，贫困缓慢下降。按国家贫困线计算，由1970年的57.33%，持续下降到1990年的36.55%，这主要是因为80年代农业增长率比70年代高，且有稳定趋势。1991年印度改革后加速减贫，印度经济增长对减贫的积极作用明显。然而，印度各地区贫困差异很大。1991—1993年旁遮普邦贫困率为21%，而比哈尔邦为66%，比哈尔在1958—2000年间贫困发生率均在60%以上。同一时期，克拉拉邦贫困率从60%下降到15%。各州在社会发展，如健康和教育方面差异也很大。1987—1988年北方邦的幼儿死亡率是克拉拉邦的6倍以上；1986—1987年12~14岁从未入学的农村男性儿童所占比重在印度为51%，其中北方邦为68%，克拉拉邦为1.8%（Sen，1998）。

印度经济主要由工业和服务业拉动，1993—2000年印度GDP年均增长为6.7%，而农业仅增长3.2%。20世纪90年代各邦不同的经济增长模式解释了各邦经济增长的巨大差异，主要有两大原因影响了各邦减贫的程度：(1) 各邦初始的不平等程度，如信用市场、教育、土地产权等；(2) 由于经济增长主要靠工业和服务业拉动，因此各邦初始文盲率也是影响益贫式增长的重要因素。

印度在健康、教育等方面发展相对滞后。1981年，印度成人识字率仅有40.76%，2006年也不过62.75%，远低于2000年的世界平均水平(81.84%)，也低于中低收入国家2000年的平均水平（67.73%)。2010年印度预期寿命为65岁，低于中低收入国家的平均水平（66岁)，相当于20世纪80年代末的世界平均水平。自20世纪60年代以来，虽然5岁以下婴幼儿死亡率从1960年的238.97‰下降到2010年的62.7‰，但仍高于世界平均水平（58.15‰）。

（二）印度益贫式增长实践

1. 土地改革

独立初的印度失业和贫困现象严重，大量贫困人口集中在农村，且没有土地。为减缓贫困，尼赫鲁政府推行土地改革，消除中间人制度，进行租佃改革，理顺土地所有权关系。虽然土地改革使得印度粮食产出有所增加，粮食价格下降，在一定程度上减缓了贫困，但是与中国、日本等许多东亚国家和地区土地改革的效果相比，印度绝大多数邦的效果并不好，甚至不如东亚经济增长最慢的菲律宾。土地改革不彻底阻碍了印度农业经济的发展以及农村贫困程度的下降。

2. 绿色革命

为了进一步解决印度的贫困问题，从第四个五年计划起，印度在全国范围内开始实施绿色革命，推广农作物高产良种，提高农业机械化程度等。绿色革命有效促进了印度农业生产的发展，大幅提高了粮食产量。但是在绿色革命中土地多的大农受益最多，而大多数无地或少地的农民则没有享受到绿色革命的好处。因此，农村贫富差距继续扩大。为此，20 世纪 70 年代末 80 年代初，印度又调整了农业发展政策，根据各地不同的气候条件，把绿色革命引向东部和南部，制定农业发展计划和农村工业发展计划，促进干旱区农业的发展，从而使印度贫困农民因农作物产量的增加而提高了收入。绿色革命也增加了就业机会，在产量高速增长的县，与产量相关的每英亩就业弹性达到了 0.87%。

3. 劳工法

劳动法是影响印度投资环境的重要因素（Stern，2001）。印度劳工法对企业的要求比较苛刻，1947 年《劳资争议法》为保护制造业工人的权利，对解聘、开除工人及关闭企业的条件进行了严格的规定。1976 年、1982 年分别对企业关闭做出了具体规定，这使得企业解雇工人十分困难，制造业企业不能根据生产经营需要灵活用工，从而提高了企业的劳动成本。在 1960—1995 年，许多东亚国家，制造业在 GDP 中所占份额增加了 3 倍，这些国家经历了快速减贫的阶段。但是在同一时期，印度的制造业在 GDP 中所占的份额仅从 13%增加到 18%。印度以制造业为主的工业发展滞后，无法吸纳大量的劳动力，第一产业吸纳就业有限；第三产业虽然发展很快且所占比重较大，在 2006 年达到了 54.6%，但是该产业以信息产业尤其是软件产业为主，主要吸纳的是高素质的劳动力。这种状况使得印度大量的贫困人口和非熟练工人无法顺利就业，2000 年以后各年份印度的失业率几乎都在 8%以上。总的来说，印度的劳工法不利于制造业的发展，阻碍了就业和贫困人口减少。

4. 提高教育素质

印度高等教育发展得很好，但是在基础教育方面发展比较滞后，表明教育分配高度不平等。虽然宪法鼓励各邦为 14 岁及以下的人群提供义务教育，但是一直没有很好地实施，大量的低种姓群体和女孩仍然被排除在学校之外。因此，印度文盲人口广泛存在，如信息产业这类有限的、比较活跃的部门的经济增长成果很难被全民广泛共享。2010 年印度政府通过《免费义务教育法》，规定对全体6~14岁儿童实行免费义务教育，保证所有儿童的受教育权利平等。该法案将对提高印度人口素质，增强印度综合国力和竞争力产生深远影响。

5. 地方民主和社会改革

众所周知，公用设施的完善是社会平等和最低社会保障的基础，而地方公用设施的有效管理则主要依赖地方政府是否存在高效率的地方治理机构。由于印度农村地方政府治理能力不足，印度地方政府对农村基础教育和乡村教师的监督和管理被证明效率低下（Sen，1998）。政治集权和严重的社会不平等，在印度政治参与中地方民主被长期忽略。这实际上是印度北方邦地方公共设施和建设落后的主要因素，也是导致北方邦的经济落后和社会贫困的原因（Dreze & Gazdar，1996）。此外，由于村一级的民主机构薄弱，而贫困群体参与地方政治的能力以及普遍程度受到识字水平和基础教育水平的限制。而实践证明在基础教育普及程度高的克拉拉邦，代表弱势群体的公共组织和社会运动得到发展，其地方民主进程和社会发展也相对较快。

6. 改善性别不平等状况

在印度，由于传统观念等因素，性别不平等现象十分严重，体现在社会各个领域，这使得女性无法积极参与到经济增长过程中去。在印度的经济发展过程中，女性的权利意识开始觉醒，并积极争取自身权利。女性的受教育状况和福利水平等得到了一定改善。

三、越南益贫式增长的实践

（一）越南的经济增长、多维贫困和不平等

1976年，越南实现了南北统一，从此全国进入社会主义建设时期，并在南北方统一实行效仿苏联的经济高度集中的社会主义模式。到1980年，

越南南方90%以上的私人企业被没收或合并，80%左右的土地被强行集体化，约1/3的城市人口被赶到条件十分恶劣的“新经济区”。这一政策导致越南南方经济迅速衰退。在20世纪70年代末80年代初，受国际政治军事形势的影响，越南出现了严重的经济负增长，且苏联和其他社会主义国家对越南的援助开始减少，而当时越南的经济基础还没有建立起来。到了1986年，越南的通货膨胀率达到了775%，经济几乎走到了崩溃的边缘，最终在80年代中期发生了严重的社会经济危机。1986年越共六大召开，越南正式开始革新开放，效果十分显著。根据世界银行统计，越南1990—2006年的GDP年均增长率达到了7.7%，居世界前列。2008年全球金融危机之后，越南经济增长速度放缓，2012年经济增长率仅为5.2%，是2000年以来的最低水平，但仍高于同期世界上多数国家的经济增长速度。越南人均国内生产总值从1985年的202美元（按2000年不变价）上升到2012年的986美元（按2000年不变价），正在从贫穷的国家向中等收入国家转变。

越南的革新开放取得了巨大成就，被公认为是世界上除了中国以外建设社会主义最为成功的国家。根据世界银行统计，20世纪90年代，越南实现快速经济增长的同时，贫困发生率从1993年的58.1%下降到1998年的37.4%。其中农村贫困发生率下降了21.5个百分点，城市贫困发生率下降了将近16个百分点，下降幅度很大。进入2000年以后，城乡贫困发生率仍然持续下降，但是下降幅度不如20世纪90年代。2012年，越南贫困发生率为17.2%，其中农村贫困发生率为22%，城市仅为5.4%。

革新开放后，越南在保持高速经济增长的同时，其收入不平等水平也保持相对稳定。据世界银行统计，1993年以后，除了在21世纪初越南的基尼系数有所上升，贫富差距略有扩大外，其他年份基尼系数均在35%~36%之间波动，与其他亚洲国家相比，贫富差距相对较低。由于越南不平等变动不大，这使得经济增长的减贫弹性较高。越南贫困人口的变动对经济增长越来越敏感，快速的经济增长有效地降低了贫困程度，这无疑是越南革新开放最成功的方面。

（二）越南实现益贫式增长的实践

越南在经济增长和减贫方面的出色表现为发展中国家实现益贫式增长提供了有价值的参考，其经验总结如下。

1. 土地改革

越南的贫困人口大多数集中在农村，且主要从事农业生产活动，越南土地分配改革是实现益贫式增长的重要内容。1988 年越南进行土地分配，把土地使用权赋予农户。1993 年越南国会通过的《土地法》规定，在土地分配时把土地使用权证书发放给所有农户，农民可以长期使用土地，期限长达 15~50 年，并容许继承、转让、租赁、抵押土地所有权。到 2000 年为止，越南有 110 万土地使用权证书被发放。越南的土地分配非常公平，各省土地使用权在最大范围内被有效分配，农村贫困群体的收入来源趋于多样化，穷人从土地分配改革中得到了实惠。

2. 对农产品贸易自由化

20 世纪 80 年代以来，越南先后加入东盟自由贸易协定、亚太经济合作组织，签订了多种双边贸易协定，并于 2006 年加入世界贸易组织。越南积极融入世界市场推动了稻米及其他农产品生产和出口的增加，对农村贫困人口减少有深远的影响。稻米是越南传统的占主导地位的农作物，越南政府对稻米政策实施了重要改革，采取一系列措施，如延长农民土地使用权、稻米出口自由化、放松稻米的内部贸易壁垒等使得越南国内稻米实际价格上升，农民的实际收入增加。与此同时国内放松了对化肥的进口管制，化肥价格下降，包括稻米在内的主要农产品产量和利润率不断提高，出口市场不断扩大，刺激了农村经济的发展，提高了农民的生活水平。

3. 私营经济的发展

1991 年越南政府颁布了企业法，新企业稳定增加。2000 年政府对企业法修订，新的企业法简化了登记手续和发放许可证的程序，私营经济迅速发展。据统计，私人公司增加率从1995—1999年的4%~5%迅速上升到1999—2001年的15%~30%。私营经济主要集中在工业和服务业，这两大领域很快成为经济增长的主要力量和吸纳就业的主要渠道。亚洲金融危机后，越南私营经济继续发展，工业和服务业领域非正式就业的大量增加在很大程度上提高了处于社会最底层的贫困群体的收入水平。

4. 健康和教育的投入

20世纪80年代末和90年代初，越南改革初期土地生产力的快速提高不仅使得适耕土地变得稀缺，而且导致了土地严重退化。考虑到土地的相对稀缺性，越南加大对非熟练劳动力的培训，大力投资人力资本。20世纪90年代越南贫困人口的教育进步十分显著，1993—2002年最贫困人口的初中入学率增加了4倍，农村上升了2.5倍，而少数民族入学率从6.6%上升到了48%。

5. 瞄准最贫困人口的减贫计划

在减贫实践过程中，越南政府意识到高速经济增长仍然帮助不到最贫困的人口，很早就制定了惠及最贫困人口的政策，主要包括公共投资计划（PIP）、消除饥饿和贫困的特殊国民计划（HEPR）、针对社区级投资的135计划、少数民族特殊计划等。这些计划的实施极大地推动了该国的扶贫进程。

6. 宏观经济和制度改革

随着市场经济的推行和私有产权的实行，越南政府认识到革新开放的基础是宏观经济的稳定。1989年，越南实施了广泛的经济稳定政策，包括价格完全自由化，越南盾贬值，约束预算，税收体制的重建，金融部门改革，等等。越南改革效果十分显著，同年通货膨胀率下降了35%，经济增长率上升到8%。在整个20世纪90年代越南通货膨胀率年均增长率保持在3.7%左右，越南恢复了在世界市场上的竞争力。

越南在20世纪90年代实现益贫式增长的成功经验展示了一个贫穷的社会主义国家在短短20多年内脱离极端贫困的过程，表明了从计划经济到市场经济的转型不需要以经济增长的下降和贫困程度的上升为代价。

四、孟加拉国

（一）孟加拉国的经济增长、多维贫困和不平等

孟加拉国人口密度高、经济脆弱、资源匮乏、自然灾害频发。1971 年独立后，这个国家就陷入了社会动乱、经济秩序混乱和独裁统治中，贫困发生率达到了 74%，普通民众生活极端贫困。孟加拉国经济增长的一个典型特征就是波动性大，主要是因为该国的经济增长受自然灾害以及其他不可预测因素的影响很大，经济增长的不稳定性给减贫工作带来了很大困难。20 世纪 80 年代孟加拉国年均 GDP 变动的系数达到了 29.5%。20 世纪 90 年代，该国政府采取一系列措施，如提高抵御自然灾害的能力、发展农业和非农业经济等，使得经济增长的波动性下降，年均 GDP 变动的系数下降为 8%，减贫速度加快。据世界银行统计，孟加拉国人均收入增长率从 20 世纪 80 年代的 2.2%上升到 90 年代的 3%，同期年均贫困下降率从 0.6%上升到 2.4%。与此同时不平等程度略有上升，城市基尼系数从 1991—1992 年度的 33%上升到 2000 年的 44%，同期农村基尼系数从 27%上升到 36%，但在亚洲国家仍属于较低水平。不过这段时期被认为是孟加拉国的益贫式增长时期。

（二）孟加拉国益贫式增长的实践

20 世纪 80 年代，孟加拉国的减贫速度受到经济增长的不稳定性、财政赤字以及自然灾害的影响而减缓。20 世纪 90 年代，政府大力投资农村基础设施建设，自然灾害造成的破坏得到控制，减贫速度加快。这段时期孟加拉国国内稳定的宏观经济和政治环境使得该国能够利用公共财政支出进行益贫式增长改革。政府在计划生育、基础教育、产妇保健、儿童免疫接种

等卫生保健服务等方面制定的政策的可持续性进一步促进了该国经济增长的益贫性。

20 世纪 90 年代孟加拉国在宏观经济政策、农业政策、农村要素市场实行的改革提高了穷人参与经济活动的能力。据世界银行统计，由于国家在农村基础设施和社会领域方面实施有利于穷人的公共投资政策，孟加拉国经济增长率从 20 世纪 80 年代的 3.7%上升到 90 年代的 4.8%，贫困发生率加速下降。20 世纪 90 年代孟加拉国通过公共转移支付加强安全网建设以提高自然灾害的预防能力，给最贫困人口提供食物补贴，鼓励农民参与非农业生产以促进农民收入多元化，从而使贫困人口更好地应对外部冲击。可以说 20 世纪 90 年代孟加拉国较好的减贫效果主要得益于对穷人有利的政策干预。但是孟加拉国的经济增长策略偏重城市经济发展，重点发展非农业部门，从国家层面上来看这在一定程度上削弱了减贫的效果。

孟加拉国主要采取的以下政策组合实现了益贫式增长：

1. 宏观经济政策

20 世纪 90 年代，孟加拉国宏观经济稳定性、开放性、与贫困发生率下降相关的财政支出政策促进了该国的益贫式增长。孟加拉国的宏观经济政策的特点有：(1) 宏观经济稳定性。20 世纪 90 年代孟加拉国的宏观经济政策实现了较低的通货膨胀、稳定的汇率和较低的经常账户赤字。通货膨胀率从 20 世纪 80 年代的 10.3%下降到 90 年代的 5.6%。80 年代末财政、货币和汇率管理明显改善，为 90 年代较高的增长率奠定了基础。(2) 经济开放性。20 世纪 90 年代以前，孟加拉国有着丰富而廉价的劳动力资源，而国内贸易和汇率管制扭曲了产品和要素市场，劳动力资源没有得到充分利用。20 世纪 90 年代该国实施经济开放政策，实现了贸易和外汇体制自由化，出口贸易年均增长 11%，从而刺激了经济增长，并产生了大量的就业机会。(3) 公共财政支出。孟加拉国 20 世纪 80 年代财政赤字较高，到 80 年代末陷入财政危机。20 世纪 90 年代面对国外援助的减少和财政收入不足，该国实施合理而谨慎的财政政策，公共资源主要用于能够减少贫困人口的部门和领域，如农业基础设施建设和人力资本投资。（4）农村基础设施发展。在20世纪70年代孟加拉政府政策主要关注洪水、灌溉和排水工程，20世纪80年代孟加拉国绝大部分的公共开支集中用于农业发展，而对农村基础设施关注较少。然而到了20世纪90年代，对农村基础设施包括道路、桥梁等的建设成了孟加拉国农村发展战略的重要内容。20世纪90年代以来以农村基础设施建设为主的农村发展战略促进了孟加拉国农业、非农业产出的增长。（5）基础教育和中等教育。20世纪90年代以来，孟加拉国十分重视基础教育的发展，教育支出比重从20世纪80年代早期的8%持续上升到20世纪90年代末的16%；公共教育支出从初等教育逐渐转移到中等教育，中等教育在教育预算支出中所占的份额从36.8%上升到48.5%。包括对公共资源的持续投入、在服务提供方面与非政府机构建立良好合作关系，以及对教育提供补贴以支持贫困家庭和女童教育在内的三大公共政策推动了基础教育和中等教育的发展。

2. 农业经济发展

孟加拉国在这方面采取的措施主要包括：（1）提高应对自然灾害的能力。孟加拉国自然灾害频发，洪水和干旱影响了农作物的收成，造成了粮食价格的异常波动和工作机会的减少。1988—1998年孟加拉采取措施应对自然灾害，通过增加穷人在非正式经济和非农业部门中的就业机会，增加洪水频发地区干燥季节的粮食生产，完善宏观经济层面上的灾害处理机制等减缓自然灾害造成的损失。（2）绿色革命。独立后孟加拉国政府应用农作物高产技术，改善灌溉设施，放松对农业投入（如化肥等）的管制，增加农作物多样化种植。农业改革对孟加拉国农业部门的发展产生了积极的作用。（3）改善市场条件和发展对穷人有利的农村经济。20世纪90年代，孟加拉国的农业投入要素市场发生了很大变化，由于先进灌溉技术的实施和农作物多品种化，耕地不断增加，促进了农业部门的发展。20世纪90年代早期由于政府对农业投入管制的放松，私人部门积极投资用于地下水灌溉的设施，水资源市场发展迅速，穷人和小农使用灌溉水更加方便和便宜。

与此同时，该国非农业经济的发展吸引着农村剩余劳动力向非农业部门转移，提高了这部分群体的收入水平。

3. 制衣业的发展

制衣业是孟加拉国最重要的制造业，也是国民经济发展的主导产业。20 世纪 80 年代早期制衣业的快速发展对孟加拉国的就业、减贫乃至整个国民经济的发展做出了巨大贡献。孟加拉国 1984 年制造业出口大约仅有 4%，而 20 世纪 90 年代则增加到 75%。到 20 世纪 90 年代中期，孟加拉国大中型制造业雇用了 40%～50% 的劳动力。由于制衣业集中了大量的贫困人口，他们的消费倾向于由非正式、非贸易部门提供的产品和服务，因此制衣业的发展也间接促进了孟加拉国服务业和其他非贸易经济的发展。

五、小结

亚洲四个国家的案例表明益贫式增长可以在不同背景下发生，孟加拉国、印度尼西亚的经验表明即使是面临制度脆弱、贸易不发达、基础设施落后、社会发展滞后等问题，也能实现高速的经济增长和贫困程度的下降；越南案例表明在良好的初始条件下，通过制定经济政策挖掘城乡地区的经济潜力有助于有效脱离极端贫困。

越南开始于 20 世纪 80 年代的革新开放时期的经济增长对促进经济结构转变、降低贫困发生率十分有效。越南益贫式增长的成功经验主要在于创造了惠及城乡低收入劳动者的就业机会，劳动者从土地改革、贸易自由化、有利的国际市场环境以及日益密切的城乡经济增长中获得好处。经济和制度改革促进了私人部门及非农业部门经济的快速增长，从而在工业和服务部门产生了大量的正式和非正式就业机会。在国内私营企业的发展、基础设施的投资以及地方政府的改革策略方面都应更加关注慢性贫困，以确保益贫式增长。

苏哈托时代的印尼将快速的经济增长、投资以及向穷人倾斜的政策措施相结合以确保经济增长能惠及穷人。这个策略通过降低要素市场和产品市场的交易成本将宏观经济和家庭经济整合在一起，从而将宏观和微观层面上的经济联系在一起。此外，人力资本的公共投资和灵活的、运作良好的劳动力市场加强了贫困家庭参与市场经济的能力。

印度独立后各邦的减贫状况依赖于经济增长率、政策机制和初始状态，因为不同邦有着不同的政策和不同的初始状态，那些具有良好的商业投资环境、积极拓宽融资渠道、加大人力资本的投资的地区将更能取得减贫效果。

孟加拉国独立之初发展前景十分暗淡，但是 20 世纪 70 年代以后贫困发生率下降很快，农村和城市（尤其是农村）社会进步取得很大成就。对农村地区的基础设施和安全网的投入提高了该国应对自然灾害的能力。20 世纪 90 年代非农业产品出口的快速发展减少了贫困人口。

案例研究表明，在政策实施过程中，将经济增长和收入分配对减贫的作用完全分开是不可能的，绝大多数的政策同时产生了经济增长和收入分配方面的影响。从政策角度来看，更值得关注的问题是，贫困家庭如何参与到经济增长中，主要渠道是什么，什么样的政策和初始条件能更有效地帮助更加贫困的家庭享受经济增长的好处。

案例研究提供了以下几个促进益贫式增长的政策经验。

1. 增加贫困家庭参与经济增长的机会

家庭能够从三个主要渠道参与到经济增长中：就业、转移支付（来自公共和私人的资源）、投资回报。之所以关注就业，是因为就业收入是家庭总收入的重要组成部分，尤其是贫困家庭的收入主要来源于就业。当政府政策与良好的外部条件相结合，能够提供更多的就业机会给贫困家庭，就会实现益贫式增长。人均 GDP 相对较低的国家绝大多数的就业集中在农业部门。随着农业部门生产率上升，非农业生产活动扩张，劳动力从农业部门转移到更具有吸引力的工业和服务业的非正式和正式就业，此时便为益贫式增长提供了重要渠道。

2. 促进农业经济发展

亚洲国家的案例表明农业对经济增长和贫困发生率下降有着重要影响。在越南、孟加拉国、印度尼西亚，农业出口和化肥进口贸易自由化促进了益贫式增长。而在孟加拉国和印度，非农业经济的发展能够促进经济的快速发展，但通常以牺牲穷人的利益为代价。通过旨在提高农业劳动生产率的绿色革命实现农业经济增长，同时对农村劳动密集型基础设施进行大力投资，才能提高农民收入，实现有效减贫。否则即使是农业经济增长了，但是贫困仍然没有减少。在印度尼西亚，绿色革命带来的新技术和对农村基础设施的大量投资促进了20世纪60年代到80年代较高的益贫式增长率。1984—1996年印尼的农业经济增长解释了贫困发生率下降四分之三的现象。而在越南，1993—1997年71%的脱离贫困的劳动者均从事农业。

20世纪90年代，四个国家采取的四项政策干预有助于提高贫困家庭的农业收入：（1）通过大力投资农村基础设施以改善市场准入情况，降低交易成本；（2）加强土地改革；（3）设计所有农民都有好处的激励框架；（4）向广大小农生产者提供技术支持，提高贫困人口应对危机的能力。在那些通过农业收入增加提高穷人收入的国家，这些政策在不同层面上执行。而且，因为不同的初始条件和其他影响因素，并不是所有的政策在加强贫困人口参与经济增长的能力上效果都是一样的。

在印尼和越南部分地区，改善市场准入情况和降低交易费用以增加极端贫困农民的农业收入十分重要。Timmer（2006）在研究印尼的益贫式增长时认为，公共领域的投资和监管的改善能够降低交易成本，将增长导向型的宏观经济政策和让穷人广泛参与到市场经济中的政策紧密结合起来，这样这些国家的市场准入变得更加方便。

加强土地产权的改革有助于增加越南高价值农作物的多样化和产量的提高。越南1988年取消土地集体化，1993年的土地法规定把证书发放给农村家庭以刺激农业生产的集约化以及高附加值作物的多样化。在印度，继续限制土地租赁市场以保护土地所有权，使得小农（尤其是妇女和无地者）租赁土地变得更加困难和昂贵。在印度尼西亚，农村不透明的土地管理体系和土地分配严重阻碍了农业收入的增加，尤其是对贫困的农民（Deininger & Zakout，2005）。

构建使所有农民都受益的激励框架是越南结构改革的重要部分，在20世纪90年代贸易自由化和土地改革促使越南快速成为大米和咖啡的主要出口国。补贴和保护是印度和印尼农业生产的特点；在印度尼西亚，大米进口关税抬高了大米生产者的价格（许多生产者是小农和贫困农民），小农从中受益极大，从而减缓了贫困（Keefer & Khemani，2003）。

3. 创造非农业生产和城市就业机会

在孟加拉国、印度和越南，非农业部门增长的减贫效果显著，非农业部门促进了城市工业和服务业部门经济的快速增长，而推动农村和城市贫困家庭参与非农业就业是促进益贫式增长的策略。在越南，贸易自由化和出口促进了劳动密集型制造业的发展，此外高速的农业增长拉动了国内需求，增加了非农业就业和城乡贫困家庭的收入。

四个国家的案例强调了四个政策选择以促进贫困家庭的非农业收入的增加：改善投资环境；设计规范的劳动力市场，创造就业机会；提高基础教育和女性的教育水平；增加基础设施建设。

（1）改善投资环境刺激了经济增长，促进了正式部门规模的扩大和正规就业机会机会的增加。越南投资环境的改善、贸易自由化以及对制造业的激励政策，极大地提高了制造业非熟练工人（尤其是女性）的就业机会。（2）设计规范的劳动力市场为劳动者创造就业机会，有助于增加穷人的非农业收入，尤其是在经济高速增长的国家。劳动力市场通常旨在保护劳动者的利益。印度尼西亚在苏哈托时代劳动力市场高度的灵活性促进了劳动密集型产业的增长和就业机会的增加。而1997年亚洲金融危机后，由于正式部门（即指有正规营业执照、向国家纳税，并具有正式法律地位的经营单位）的工资高于非正式部门（即指组织水平低，作为生产要素的劳动力和资本之间基本没有或没有分工，生产规模小的经营单位），由工会推动的最低收入增长促进了非正式部门的就业机会的增长。(3) 扩大基础教育以及女性教育的覆盖面对非农业经济增长十分重要，也有利于贫困家庭参与非农业经济增长过程。印度不同邦贫困人口的教育匮乏降低了经济增长以及经济增长的减贫效果，女性文盲率对减少贫困人口尤其重要，在印度女性文盲率是造成非农业增长减少、贫困州际之间差异的重要因素 (Ravallion and Datt 1996)。(4) 加大基础设施建设（尤其是道路和电力）使得农村地区、小城镇及大城市联系更加紧密，同时伴随着高速的非农业经济增长，推动了孟加拉国、越南和印度农村非正式部门就业机会。因此通过改善基础设施建设来改善市场准入情况，对高密度人口农村地区和小城镇的电力和教育的投入，可以提高穷人的非农业收入，从而实现益贫式增长。

4. 实施稳定的宏观经济政策

在稳定的宏观经济环境下，金融危机和社会政治危机发生的可能性大大降低。国家案例表明一些宏观经济政策对实现益贫式增长十分有效。孟加拉国和越南的案例说明低通货膨胀率和低财政赤字为实现益贫式增长创造了良好的环境，通过贸易自由化和货币贬值实现经济开放以吸引外资和促进出口，创造更多的就业机会，从而实现经济增长和贫困发生率下降。目前对保持低财政赤字是否合理仍然存在争议，但是孟加拉国的案例表明高财政赤字对穷人尤其不利；而印度尼西亚、印度和孟加拉国的案例表明政府将财政支出投资于人类发展和基础设施则有利于益贫式增长。而孟加拉国和印度的案例表明如果公共支出除了通过财政赤字还可以通过其他渠道获得，其使用将更加有效。

5. 提高穷人应对危机的能力

虽然以上介绍的政策使贫困人口能够有机会参与到经济增长过程中，但是一些群体由于疾病、年龄、受歧视、自然灾害等原因无法参与其中，这就需要通过政府转移支出和安全网给予支持。转移支付通过对增长红利进行再分配使特定贫困群体获得收益，而安全网适用于因为自然灾害等原因处于短期贫困的群体；主要渠道是通过资源或收入的再分配使穷人脱离贫困以及帮助贫困家庭提高应对危机的能力，而应对危机最有效的措施是建立穷人负担得起的社会保障体系。孟加拉国通过提高农民应对危机的能力促进了高产农业技术的推广，而对防洪基础设施和洪水季节安全网的投资以及灌溉水市场的改革减少了孟加拉国粮食产量和价格的波动，促进了孟加拉国农民收入的增长和收入渠道的多样化；而印度尼西亚则因为缺乏安全网导致该国在金融危机中遭受了重大损失。

这几个国家如何在经济增长和发展中兼顾效率和公平的经验和教训，对新疆实现益贫式增长构建和谐社会的政策制定也具有重要的启示和可借鉴之处。这些亚洲国家之所以能够在经济发展中避免收入差距过大，一个主要原因是它们选择了一种使得社会各群体都能够较为均等化地参与增长过程并分享增长成果的增长模式。亚洲国家的益贫式增长政策经验说明，将快速的经济增长、较低的不平等以及对穷人有利的收入分配相结合能够实现快速减贫。实现益贫式增长并没有一个一成不变的模式，一个国家或地区的初始发展条件、有效的政策干预以及外部环境的变化影响着经济增长的减贫模式。对于不同的国家和不同的经济增长时期，贫困减少对经济增长的敏感性也各不相同，有必要根据本国国情采取相应政策以提高穷人参与经济增长过程中的能力。这要求政府有意识地发展穷人赖以生存的经济部门，制定有利于穷人的社会经济政策，使穷人从经济增长中获得最大收益。

新疆自 1986 年开始有组织地实施大规模的以经济增长为导向的扶贫开发工作，通过区域发展刺激经济增长以实现贫困发生率下降。新疆的减贫实践表明，20 世纪 90 年代以来，单纯以经济增长为减贫手段的效果并不理想，主要原因是新疆的经济增长的质量下降，在经济增长的同时，收入分配的恶化降低了经济增长的减贫效果。许多学者提出新时期中国的扶贫工作应从经济增长为导向的扶贫战略向益贫式增长为导向的扶贫战略过渡。在保持持续高速的经济增长的同时，关注穷人收入分配的改善，以提高新疆经济增长的质量，使低收入群体从经济增长中真正获得实惠。

第六部分　新疆多维益贫式增长的实现路径

虽然新疆在减少收入贫困方面取得重大成就，但是本书实证研究表明，2002—2014 年，农村经济增长不具有益贫性。城镇益贫式增长情况也不容乐观，虽然其收入益贫式增长情况相对良好，但是教育和健康益贫式增长情况不理想。

新疆的实际情况表明实现非收入维度益贫式增长仅靠经济增长是远远不够的。Sen（1998）认为各个国家和地区在经济发展过程中所选择的经济增长模式差异很大，虽然采取的经济政策各不相同，但是在社会政策方面有很多共同点，尤其是在扩大基础教育和医疗保健方面。亚洲国家的经验和教训似乎告诉我们市场开放的重要性，但实际上除了开放市场外，推广教育、建立合理的医疗保健制度、进行广泛的土地改革、促进经济增长等都是促进益贫式增长的重要手段，因为它们更容易创造由经济扩张带来的就业机会。亚洲减贫的经验表明，在减贫方面，政府发挥了巨大作用，投入了大量资金用于减贫，如越南、印度等发展中国家投入大量资金用于贫困人口的食品发放，改善居住条件。除了政府直接投资给贫困人口外，各国政府还通过实施一些公共政策达到减贫目标，如越南增加了对贫困人口的技术培训；印度则实施了《农村就业保障计划》，为农村劳动力提供就业方面的技能；另外越南政府对在贫困县内投资建厂的企业实行企业所得税、土地租金减免和发放当地工人技能培训补贴等优惠；印度各级地方政府则推出减免农业用电费用、发放化肥、农药补贴等扶贫惠民政策。

贫困是多维的，那么新疆益贫式增长策略也应该是多元的。新阶段，新疆的贫困治理将是经济增长-基本公共服务均等化-贫困治理三位一体。与发达地区相比，新疆社会经济发展比较滞后，经济增长仍然是减贫的强大动力。同时，分配机制对贫困治理也有着重要影响，它关系到经济发展的起步问题和经济增长成果的分配问题。

新疆应借鉴亚洲国家的经验，结合新疆的发展实际，通过以下路径实现多维益贫式增长。

一、提高贫困人口的劳动参与率，实现增长的益贫性

（一）促进经济增长和就业

经济改革中，新疆农牧业的连年增长和有效的社会援助使农牧民家庭获得了基本的食品保障。促进增长的主要因素是，农村经济体制改革下农牧民生产积极性和创造性的发挥，以及政府对农牧业基础设施和技术支持系统的持续投资。同时，在基础教育、基本医疗保障、信息服务、生活能源和饮水设施改造方面，农牧人口都得到了中央和地方财政的支持。这些公共投资和社会援助不但有减贫的效果，还全方位地改善了农牧民家庭的福利。可见，以公共产品和服务供给的形式援助贫困地区和弱势群体的方式，实质上是一种投资取向的收入再分配。这种分配方式之所以在新疆得以实现，一方面是由于中央政府和其他发达地区的财政资源转移，另一方面是因为中央政府的对外信息披露制度，无形中将受援地区政府履行公共职能的状况置于外在监督之下。不过，农牧民收入的长期增长，还有赖于非农牧业就业岗位的创造。这就对公共服务的供给提出了新的要求：就业

导向的人力资源促进和农牧民创业支持服务。在市场经济条件下，提高农牧民的创业和就业能力，可以说是保障农牧民人口参与并受益于社会经济发展的关键。

1. 重视初次分配，把重心放在经济增长和就业上

从理论上来说，经济增长是解决就业问题最根本的途径。虽然新疆的经济增长速度较快，但是经济增长带来的就业机会远远满足不了就业需求，因为就新疆目前的发展阶段来看，应通过大力发展劳动密集型产业吸纳就业人员，但是当前拉动新疆经济增长的是以资本密集型产业如石油、煤炭开采加工等为主的第二产业。2014 年第二产业对新疆地区生产总值的拉动贡献为5.4%，高于第一产业的1.0%和第三产业的3.6%。新疆第二产业随着资本有机构成的不断提高，其吸纳就业的能力下降，同时行政和事业单位改革的不断深化使得吸纳就业的渠道更窄，而新的就业渠道和领域还没有充分开拓出来。快速的经济增长难以有效解决城镇贫困问题。此外新疆南疆地区和北疆的高寒贫困牧区的农业人口迫于生活压力向周围城镇转移，但由于受教育程度较低和缺乏技能，只能从事低收入行业，甚至无法就业，从而使得城乡就业问题更加严重。

新疆在发展过程中应处理好经济增长和收入分配之间的关系，应注重初次分配的作用，重视经济增长与就业创造，避免过于强调再分配而忽视增长的做法。就新疆的发展阶段而言，新疆需要强调经济增长的核心地位以及增长过程中初次分配的重要性。初次分配中产业发展阶段可参考前述亚洲国家的成功经验，通过促进贫困地区劳动密集型产业和中小企业的发展解决就业问题。新疆贫困地区发展水平较低，资本相对缺乏，但劳动资源相对丰富的要素禀赋特点还没有改变。因此在生产领域，应遵循比较优势的原则，在贫困地区发展劳动密集型产业和资本密集产业中劳动相对密集的产业。因为在目前的发展阶段，只有确立这样的生产模式，才能促进经济的快速增长，创造更多的就业岗位，使工资水平增长速度快于资本报酬率，从而有效缩小收入差距减少贫困，在生产领域的初次分配中实现效

率和公平兼顾的目标。只有经济增长、产业吸纳就业能力增强，创造出更多的就业岗位，促进贫困地区农村劳动力转移，城乡、地区之间的贫富差距问题才能得到更好的解决。

2. 加强以促进就业为导向的人力资本投资政策

就业是贫困人口摆脱贫困的主要出路，而健康和教育是影响劳动力就业的决定性因素。城镇企业技术不断革新以及新市场的不断开拓使得众多企业招工对受教育程度都有一定要求，这一要求对许多城镇贫困群体来说是难以逾越的门槛。因此对贫困群体扶贫的目标应扩展到帮助他们获得健康和教育机会的层面上来。从国家和新疆政府对贫困群体健康和教育的投资力度来看，目前的主要问题已经不是政府是否投资人力资本的问题，而是如何进行投资、如何进行有效管理、如何能够保证城镇贫困群体获得收益。因此有必要从制度上规范相关行政管理机构的行为，遏制项目管理者以及健康和教育服务提供者的自利动机，防止公共资源分配中的腐败，把公共资源有效地传递到政策瞄准的群体，从而减轻低收入群体家庭的教育和健康支出负担。帮助贫困地区农牧民获得非农牧业熟练工作岗位的根本措施，不是动用行政力量扭曲劳动市场，而是促进人力资源的发展，提高本地农牧民的创业和就业竞争力。这就要求对公共服务供给进行如下调整：

第一，提高农牧区基础教育和基本健康服务的公共投资质量。新疆贫困地区的基础教育和健康服务质量较差，服务利用率低，若要通过提高教育和健康服务利用率来改善农牧民家庭的人力资源，关键还在于以提高服务质量为目标，改进服务供给者的激励机制。

第二，以贫困地区现有的青壮年劳动力和新增劳动力为对象，建立非农牧业就业导向的技能培训和信息服务机制。在经济全球化的环境中，无论是把握高层次还是低层次的就业机会，都离不开教育和技能培训这个前提。为了彻底解决贫困问题，就必须在重视一般教育的基础上，强化以就业为目标导向的职业教育和劳动者技能培训。

第三，加强金融部门对扶贫的参与程度。随着商业银行改革的不断深化，中国农业银行日益以追求商业利润为核心，逐渐退出新疆农村金融市场；而现有的农村金融机构也普遍存在服务能力不足的问题（梁亚春，2014），因此有必要建立农村金融扶贫激励约束机制。例如，单列信贷资源对接“五个一批”扶贫工程，对扶贫贷款实行单独统计、单独考核贫困地区的金融机构网点覆盖率和行政村的金融服务覆盖率，完善贫困地区普惠金融服务体系。鼓励金融部门单独研发扶贫开发金融产品，以满足贫困地区和人群的金融服务需求。鼓励其他商业银行稳定县域网点，单列涉农信贷计划，下放贷款审批权限，健全绩效考核机制，强化对“三农”薄弱环节的金融服务。

第四，由于贫困地区还有部分农村需要通电或通自来水、通信号或通公路，因而需要政府继续投资于基础设施和社会服务。此类公共产品和服务的供给，不仅能够继续为农牧民创造就业机会，而且还能为新疆经济发展准备必要的物质条件。

3. 为农村劳动力转移者提供就业指导服务

对于新疆偏僻落后的少数民族地区的农村剩余劳动力来说，向城镇转移的过程实际上是从传统的第一产业向现代工业和服务业转移、从本民族聚集地区向多民族地区转移的过程，他们面临的风险更大，应对语言障碍、生存环境改变、就业门槛提高等问题的难度也更大。因此，政府应加大这方面的指导和帮助。必要的措施包括：首先当地政府从扶贫资金中拿出一定比例资金，用于劳动力流出地的项目培训，培训内容包括技能培训、就业信息培训、城市生活常识培训和劳动保护知识培训等。其次，城市劳动管理部门建立非营利性的劳动就业服务网络，向他们提供就业信息。最后，进一步推进少数民族地区的双语教育，适当开设适应就业需求的知识和技能课程，增加他们参与社会经济交往和获得创业就业信息的机会。

（二）增加贫困人口的资产基础

新疆贫困人口以少数民族为主，他们大多生活在社会经济发展落后的南疆地区，绝大多数受教育程度低，缺乏技术专长，在劳动力市场缺乏竞争优势，没有更多的就业门路；而落后的就业观念、文化差异、语言障碍等又使得他们中的多数人不愿外出打工，很难实现自主脱贫。

美国著名经济学家迈克尔·谢若登提出的资产建设理论认为，穷人的收入只能维持消费，而拥有资产则能提高人的发展能力，降低贫困农户面临的风险，提高其参与经济增长过程并从中获得收益的能力。这里的资产不仅包括金融财产，也包括知识、技能、健康、社会关系以及与其生活息息相关的决策能力。目前，我国不同区域的扶贫开发战略目标是收入贫困的下降，对非收入贫困的重视相对不足，新疆也不例外，这无疑影响了贫困人口自我发展能力的提高。实际上，以收入贫困为目标的减贫是不可持续的，没有任何资产的穷人即使暂时摆脱了收入贫困，未来也可能由于缺乏资产而重新陷入贫困。从这个角度讲，增加穷人的资产基础对减贫具有重要意义。

当然，在增加贫困人口的财产基础的同时，要充分考虑到贫困家庭在获得资产的经济回报时也会面临重重困难。穷人没有任何资产，这些贫困家庭想要创业首先面临的障碍就是缺乏经济资产。此外，由于居住的地区交通运输、电力、通信等基础设施落后，使得他们面临较高的交易成本和有限的经济回报。因此新时期的扶贫工作除了注重增强和保护贫困人口的财产基础，使其能够更好地利用资产并从中获得更多的经济回报外，还需要制定向穷人倾斜的政策和有效的制度环境，确保穷人利用资产获得最大收益。向穷人倾斜的政策，其范围可以上至制定稳定的宏观经济政策以保证穷人家庭不受严重的通货膨胀的影响；下至鼓励穷人家庭向子女进行人力资本投资，以保证他们今后进入社会有一个好的资产基础。

二、提高基本公共服务均等化，促进发展的公平性

免费义务教育、农村新型合作医疗、农村道路、饮用水等公共服务的

供给和基础设施的改造对于贫困人口来说，既有生存保障的功能，也有发展促进的功能，有助于改善服务使用者的人力资本，提高其应对自然风险和市场风险的能力，从而有助于从根本上减少乃至消除贫困。从这个角度考虑，通过公共投资和社会援助保证贫困人口获得免费或廉价的服务，有利于减少市场机制运行带来的经济不平等，或者说有利于缩小地区之间、行业之间和社会不同群体之间的经济差距。

与其他地区相比，中央和地方财政资金对新疆农牧人口的教育和健康等公共服务的投入可观。如 2013 年，国家率先在新疆南疆三地州实施高中阶段免费义务教育，从长远来看，这项政策对提高新疆人力资本具有重大意义。在基础教育、基本医疗保障、农村基础设施建设等方面的公共投资和社会援助不但极大减少了新疆的贫困，而且还全方位地改善了农牧民家庭的福利。但是与内地农村相比，新疆农牧区的教育和健康服务质量较差，服务利用率也比较低。若要通过提高教育和健康服务利用率来改善农牧民家庭的人力资本，关键还在于提高服务质量，改进服务供给者的激励机制。

（一）提供更加公平的教育机会

教育水平对就业和居民收入有非常显著的影响，普及教育对减少贫困，防止贫困代代相传有非常积极的作用。贫困家庭的学习环境差，家长负担能力不够，对他们的子女教育要给予特殊的关注与政策。除了在南疆地区实施 12 年免费义务教育，也要对农村人口居住分散、中小学布局调整后上学距离远的地区的贫困家庭学生的寄宿费、生活费实行补贴政策，保证一定的补贴面和补贴的准确度，消除由于这方面原因导致的失学现象。还要为在城市地区打工的农民工子女提供平等的教学条件，提高其教学质量。儿童处于成长发育期，贫困使他们营养不良、发育迟缓，对他们的影响要远远大于成年人。针对儿童的营养不良问题，许多国家都实施了儿童营养补助计划，取得了较好的效果，新疆可以在贫困地区推行营养餐计划。可以考虑大幅减少或全免贫困家庭子女上公办大学、职业学校的学费。从多个方面提供更加公平的教育机会，做到贫困不传代。

（二）改善农村医疗服务的水平和质量

改善农村医疗服务，缓解因病致贫现象。因医疗费用负担过重致贫仍然是一个突出的矛盾，对农村贫困的影响尤为突出。正在普及中的新型农业合作医疗制度在一定程度上缓解了这个问题，但有些问题并未根本解决。现行的新型农村合作医疗体系对医疗支出的偿付率较低，医疗费的大部分仍需自己负担。而农村贫困和低收入人口可能无力担负自费部分，因此往往被排除在外，或者即使参合也无法受益。因此需要对贫困人口的医药自费部分提供一些特殊的补助。此外还需要解决农村低保和医疗救助体系与合作医疗体系的衔接，建立规范的制度，要从制度上解决外出务工人员的异地医疗报销问题。应进一步开放医疗市场，打破垄断，允许有资质的民办医疗机构和乡村医生平等进入医疗服务体系，通过公平竞争抑制医药费价格。治理因病致贫应当从源头抓起，要致力于改善包括安全饮水在内的农村基本生活环境，加强公共卫生防疫工作，普及卫生防疫知识，降低疾病和残疾率的发生。首先，政策应倾向于支持农村，充分发挥城市带动农村的发展模式，促进城乡的经济交流，畅通城乡人口流动。其次，在卫生医疗领域，不断探索适合区域情况的城乡不同医疗卫生制度之间的资金流转模式，改善那些从农村流向城市的农民工的基本医疗保障水平。最后，加大对农村基层的医疗卫生服务的支持，改善农村地区的医疗卫生服务水平。

三、拓宽贫困治理思路，提高扶贫有效性

（一）建立多维贫困精准瞄准机制

未来新疆的扶贫工作应从收入、教育、健康等多个维度了解掌握贫困

农户的基本情况并建档立卡，通过建立多维贫困数据库全面掌握当地的贫困状况，进一步改进瞄准机制，从多维角度识别贫困人口，使扶贫工作瞄准真正的穷人。同时地方政府也应建立系统的多维贫困评价体系，并把多维贫困的测度结果纳入政府决策参考中。

（二）注重精神和思想上的扶贫

新疆少数民族人口贫困占总人口贫困的96%，其贫困形成原因十分复杂，其中人文因素的作用不可忽视。这些贫困人口一般生活在偏僻山区和沙漠边缘，由于交通不便和语言障碍，与外界联系很少。他们主要以农耕和游牧生活为主，受传统习俗和宗教文化影响，不愿受到工作的约束，大多数人安于现状，对生活期望不高，宁可等着政府救济，也不愿意通过辛勤劳动摆脱贫困。传统的思想观念和不思进取的精神状态是他们难以脱贫的根本原因。“治贫先治愚，扶贫先扶人”。要根治贫困人口的贫困，就必须向贫困人口传输先进的文化和价值观，扭转落后的观念，从整体上提高他们的素质和发展潜能。

（三）打造民生工程应注重市场机制

由于新疆长期存在经济增长与社会发展的失衡，许多人认为政府应承担更多的责任，政府应增加更多的社会性支出（如教育、医疗、社会保障等），在公共产品和服务提供方面发挥基础性的作用，使贫困群体也能获得相应的均等的服务。这种建议有其合理性和必要性，但是强调政府责任的同时也应明确政府的职责和“政府失灵”的问题（张晓晶等，2006）。拉美国家的减贫经验表明过度的政府干预将导致低效率和腐败。除此之外，过度的政府干预可能会助长贫困人口坐等救助的依赖思想，非常不利于为贫困人口建立适应市场的长效脱贫机制。打造民生工程需要政府介入，但是政府干预的负面影响也十分明显，因此在政府扶贫过程中应寻求经济增长与福利增加之间的平衡，防止因过度保障而带来负面激励。实际上这也是寻求政府与市场之间的平衡。

（四）加强反贫困进程中的政府治理

建立合理的公共财政扶贫机制，加强反贫困进程中的政府治理。财政扶贫的重点领域应该是城乡一体化的社会保障体系和贫困地区基本的教育、卫生以及科技推广等公共服务。各项农业的补贴政策要适当地向贫困农户倾斜，使得贫困农户从增加产出和劳动效率中获得收益。为加强扶贫的力度和效果，可以考虑把分散在政府各部门的扶贫资源整合起来统一规划，统一使用。加强对扶贫财政资金使用的绩效评价，监督与问责制度。

四、实施社会保护，完善最低社会保障制度

从多个维度促进益贫式增长，不仅要通过投资农村基础设施、发展特色产业帮助有劳动能力的人赢得发展的机会，改善贫困农户的生产生活条件，还要建立健全农村最低社会保障制度，把那些无法参与到开发式扶贫过程中的极端贫困人口全部纳入到农村低保体系中，使他们的生活得到基本保障。2007 年新疆开始在各地区全面推行最低社会保障制度，但是在具体实施过程中，由于新疆社会经济发展落后，地方财力薄弱，贫困人口众多，致使有不少贫困人口未被纳入低保体系中。而由于制定的低保标准较低，对促进和改善那些享受低保的贫困人口的发展也十分有限。

在新疆贫困地区，应对极端贫困和边缘化的难题主要在于：第一，极端贫困人口的规模较大，当地的可用财政资源却极为有限，以至于综合性的贫困干预措施虽已采用，但是干预力度不够强。第二，低保和扶贫项目的协调不够，原因是两类项目的分管机构协调不足，项目瞄准机制各异，信息平台不一。第三，从两类项目对目标群体的覆盖状况来看，覆盖不足和福利泄露现象并存。因此，当前和今后，新疆消除极端贫困的关键，还是增强贫困地区的减贫行动的有效性。

实现开发式扶贫和最低社会保障制度相衔接，可采取以下主要措施：

（一）不断完善最低社会保障标准与物价水平的联动机制

新疆城乡低保标准较低。近几年，以食品类价格上涨为主要推手的新疆居民消费价格指数涨幅很快，给贫困人口的生活带来了沉重的负担。2011 年新疆建立了低保标准与物价上涨的联动机制，规定居民消费价格指数上涨超过 3.8%时，以地（州、市）为单位，启动联动机制，超过 3.8%的部分，每增长 1 个百分点，低保对象每人每月增加 12 元。今后应继续对本地居民最低生活必需品及其价格变动进行及时调查和测算，并结合当地的经济发展水平、居民收入和消费水平等，科学合理地确定最低生活消费需求，建立常态化的联动机制。

（二）建立申请救助家庭的经济状况信息共享机制

在发达省份，民政系统的贫困家庭和个人数据库，是所有的政府部门和公共服务机构获取相关信息的平台。在此基础上，各机构之间可以进行数据交换和信息交流。这样明显有利于节约组织成本，强化扶贫力度。因此，新疆各地州、县市相关民政部门应在调查核实的基础上，与公安、工商、税务、金融、人力资源保障等相关部门合作建立动态信息查询平台，及时了解即将申请和已享受低保家庭的财产和收入状况，从而使各项扶贫政策能够更加精确地瞄准贫困人口。

（三）拓宽低保资金筹资渠道

通过拓宽低保资金筹资渠道，稳定低保资金来源。首先，增加中央政府向贫困地区低保项目的拨款，以使所有的极端贫困家庭和个人获得生存保障。其次，新疆政府应承担融资责任，稳定低保资金来源。各地州、县市也应从当地财政中抽取一定比例的资金作为低保资金。最后，各级民政部门也应通过争取社会捐赠、慈善捐款等拓宽筹资渠道。

（四）扩宽扶贫政策的干预领域

目前，扶贫政策中的食品保障目标，强调的是免除贫困人口的饥饿。为了切断贫困的代际传递，还需要从孕产妇和儿童的营养干预入手。一些民间组织在儿童营养方面的工作，已经取得了优良的成果（中国发展研究基金会，2011）。因此，有必要将这些经验推广到新疆贫困地区，并需要政府设立长期干预项目。

（五）加强新疆各级社会救助管理机构建设

低保工作的健康运行要求有人、财、物等资源的充分保证，自治区人民政府应进一步规范低保工作体系，在人员、经费配置等方面适当向基层倾斜；通过培养与引进人才，逐步建立专业化的社会救助工作队伍；不断完善社会救助信息化管理系统，通过与公安、工商、金融、住房城乡建设等多个部门的信息系统衔接，实现对贫困人口的动态管理。

研究展望

益贫式增长的多维测度方法仍需要不断完善，新疆益贫式增长的形成机制仍需要不断探索，仍有很多重要问题值得进一步探讨。

新疆城市和农村贫困人口面临的复杂情况应受到足够的重视。实际生活中贫困除包括收入、健康、医疗、社会保障和就业等内容外，还应包括实物资产、人力资本、社会资本，以及寿命和性别平等等多方面的内容。从贫困的更多维度出发研究益贫式增长将有助于制定和执行更具针对性的益贫策略。

近三十年来，新疆在解决极端贫困问题方面取得了突出的成果，到2020年，极端贫困现象有望被基本消除。但是不断扩大的收入和非收入方面的差距使得政策重心必须转向为所有人创造更多的机会。为了让未充分就业的人找到体面并有经济价值的工作，新疆需要通过经济增长创造大量的就业机会，同时保证这些机会被公平分享，即实现益贫式增长。

益贫式增长保证机会平等，让所有的人都享受到经济增长的果实，同时避免极度贫困，这就需要我们三管齐下。第一，为了创造新的有经济价值的就业机会，必须确保经济增长是有效率的、可持续的和环境友好的。第二，必须保证公平竞争的经济环境，从而使得每个人都能获得就业机会，并从这些就业机会中受益。第三，为了确保消除极度贫困，必须建立有效的和有效率的社会保障体系。虽然就业机会的创造是企业层面的问题，但是企业经营所处的环境会受到公共政策和公共投资的影响。为了切实消除因个人背景或外部环境因素造成的不平等，确保给社会所有阶层和所有地区创造一个公平的竞争环境，新疆需要在公共政策的制定、公共投资的实施制度及治理方面进行进一步改革。

实现经济的持续快速增长有赖于益贫程度的不断提高，实施益贫式增长战略是新疆社会经济发展自然演化的结果。但是改革的进程是相当复杂和费力的，这是因为经济增长需要与以减少机会不平等为目标的政策、制度和治理的改革同步进行。在21世纪，新疆要实现多维益贫式增长，还有很长的路要走。

参考文献

[1] Kimenyi M. Economic Reforms and Pro-Poor Growth: Lessons for African and Other Developing Regions and Economies in Transition [R]. University of Conneticut Department of Economics, 2006.

[2] Ravallion M, Chen S. China's (uneven) progress against poverty [R]. World Bank, 2008.

[3] Ravallion M, Datt G. Why has economic growth been more pro-poor in some states of India than others? [J]. Journal of Development Economics, 2002, 68: 381-400.

[4] Whitfield L. Pro-Poor Growth: a review of contemporary debates [EB/OL]. (2008-5-20) [2016-7-31]. http://www.diis.dk/epp.

[5] Chenery H, Ahluwalia M. Redistribution with growth [M]. London: Oxford University Press, 1974.

[6] Ravallion M. Growth, inequality and poverty-Looking beyond averages [J]. World Development, 2001, 29 (11): 1803-1815.

[7] Bourguignon F. The Poverty-Growth-Inequality triangle [R]. Indian Council for Research on International Economic Relntions new Delhi Working Papers, 2004.

[8] Ravallion M. Pro－Poor Growth：a Primer [M]. Washington D C：World Bank，2004.

[9] Kakwani N，Son H. Pro－poor growth：The Asian experience [M]. London：Palgrave Macmillan，2008.

[10] Lopez J H. Pro－poor growth：a review of what we know (and of what we don't) [R]. Washington D C：World Bank，2006.

[11] Kraay A. When is growth pro－poor? Evidence from a panel of countries [J]. Journal of Development Economics，2006，80：198－227.

[12] Klasen S. Pro－poor growth and gender inequality [M]. Berlin：Duncker &Humblot，2006：151－179.

[13] DFID. What is pro－poor growth and why do we need to know? [R]. [S. l.：s. n.]，2004.

[14] Lopez H. Pro－Poor，Pro－Growth：Is there a Trade－off? [M]. Washington D C：World Bank，2004.

[15] OECD. Promoting Pro－Poor Growth：Key Policy Messages [R]. [S. l.：s. n.]，2006.

[16] Stewart F，Lall S，Wangwe S. Alternative Development Strategies：an overview. In Alternative Development Strategies in Sub－Saharan Africa [M]. London：Macmillan Press，1992.

[17] Klasen S. In Search of the Holy Grail：how to achieve pro－poor growth? [M] //B Tungodden，N Stern，I Kolstad. Toward Pro－Poor Policies：aid，institutions and globalization. New York：Oxford University Press，2004.

[18] Hans P Binswanger，Jaime B Quizon. Agriculture and Rural Development [R]. Washington D C：World Bank，1984.

[19] Ravallion M，Chen S. China's (Uneven) progress against poverty [J]. Journal of Development Economics，2007，82：1－42.

[20] Wenefrida W，Asep S，Sudarno S，et al. The Relationship between

Chronic Poverty and Household Dynamics: Evidence from Indonesia [M]. [S. l.: s. n.], 2009.

[21] Fan S, Rao N. Public investment and poverty reduction: A synthesis of issues, methods and major findings [M]. Washington D C: International Food Policy Research Institute, 2002.

[22] Shenggen Fan, Connie Chan-Kang . Road Development, Economic Growth and Poverty Reduction in China [M]. Washington D C: Interational food policy research institute, 2005.

[23] Songco J A. Do Rural Infrastructure Investments Benefit the Poor? [R]. Washington D C: World Bank, 2002.

[24] Khan A R, Riskin C. Inequality and poverty in China in the age of globalization [M]. New York: Oxford University Press, 2001.

[25] Robinson R. Decentralization of road administration: Case studies in Africa and Asia [J]. Public Administration and Development, 2001, 21 (1): 53-64.

[26] Huffman W E. Allocative efficiency: the role of human capital [J]. Quarterly Journal of Economics, 1977, 91: 59-77.

[27] 朱玲，魏众. 包容性发展与社会公平政策的选择 [M]. 北京：经济管理出版社，2013.

[28] 黄承伟，等. 国际减贫理论与前沿问题 2012 [M]. 北京：中国农业出版社，2012.

[29] 中国发展研究基金会. 中国发展报告 2007：在发展中消除贫困 [M]. 北京：中国发展出版社，2007.

[30] 庄巨忠. 亚洲的贫困、收入差距与包容性增长：度量、政策问题与国别研究 [M]. 北京：中国财政经济出版社，2012.

[31] Warr P G. Poverty indicence and economic growth in Southeast Asia [J]. Journal of Asian Economics, 2000, 11: 431-441.

[32] Duclos J, Wodon Q. What is pro-poor? [J]. Social Choice and Welfare, 2009, 32 (1): 37-58.

[33] 王朝明. 中国农村30年开发式扶贫：政策实践与理论反思 [J]. 贵州财经学院学报, 2008 (6): 78-84.

[34] 刘畅. 宏观经济政策对中国益贫式增长的影响 [J]. 财经问题研究, 2011 (4): 17-26.

[35] 韩秀兰，李宝卿. 益贫式增长与社会机会分配 [J]. 统计研究, 2011 (12): 41-48.

[36] 刘林，龚新蜀，李翠锦. 边疆地区农村贫困程度的测度与模拟分析——以新疆维吾尔自治区为例 [J]. 统计与信息论坛, 2011, 26 (8): 83-88.

[37] 周华. 益贫式增长的定义、度量与策略研究——文献回顾 [J]. 管理世界, 2008 (4): 160-166.

[38] 周华，李品芳，崔秋勇. 中国多维度益贫式增长的测度及其潜在来源分解研究 [J]. 数量经济技术经济研究, 2011 (5): 37-49.

[39] 钱微，郭艳芹. "十二五"时期新疆扶贫开发的战略思考 [J]. 新疆财经大学学报, 2012 (1): 25-29.

[40] 杨引官，孟戈. 加快推进新疆边境扶贫试点的思考 [J]. 新疆农垦经济, 2013 (8): 53-62.

[41] 余小明，赵国明. 新疆现阶段反贫困进程的评价及分析 [M]. 乌鲁木齐：新疆人民出版社, 2007.

[42] 王小林，等. 中国多维贫困测量：估计和政策含义 [J]. 中国农村经济, 2009 (12): 4-23.

[43] 林伯强. 中国的经济增长、贫困减少与政策选择 [J]. 经济研究, 2003 (12): 15-25.

[44] 郑长德. "益贫式"发展：新阶段民族地区发展的道路选择 [J]. 区域竞争力, 2010 (6): 47-54.

[45] 卢现祥，徐俊武. 中国共享式经济增长实证研究——基于公共支出、部门效应和政府治理的分析 [J]. 财经研究，2012 (1)：27-35.

[46] 朱农，骆许蓓. 收入增长、不平等和贫困——中国健康与营养调查数据分析 [J]. 中国人口科学，2008 (2)：12-23.

[47] 张萃. 中国经济增长与贫困减少——基于产业构成视角的分析 [J]. 数量经济技术经济研究，2011 (5)：51-63.

[48] 张全红，张建华. 中国农村贫困变动：1981—2005 年——基于不同贫困线标准和指数的对比分析 [J]. 统计研究，2010 (2)：28-33.

[49] 阮敬，纪宏. 亲贫困增长分析的理论基础及其改进框架 [J]. 统计与信息论坛，2009 (11)：29-39.

[50] 卢现祥，周晓华. 有利于穷人的经济增长（PPG）——基于1996—2006 中国农村贫困变动的实证分析 [J]. 福建论坛（人文社会科学版），2009 (4)：95-101.

[51] 新疆维吾尔自治区人民政府. 新疆维吾尔自治区《中国农村扶贫开发纲要（2011—2020 年）》实施办法 [EB/OL]. [2016-08-24]. http：//www. xj. cei. gov. cn.

[52] 王朝明. 中国农村30 年开发式扶贫：政策实践与理论反思 [J]. 贵州财经学院学报，2008 (6)：78-84.

[53] 张磊. 中国扶贫开发政策演变：1949—2005 年 [M]. 北京：中国财政经济出版社，2007.

[54] 世界银行. 中国90 年代的扶贫战略 [M]. 北京：中国财政经济出版社，1994.

[55] 罗知. 地方财政支出与益贫式经济增长：基于中国省际数据的经验研究 [J]. 武汉大学学报：哲学社会科学版，2011 (5)：75-80.

[56] 吴忠，等. 国际减贫理论与前沿问题：2010 [M]. 北京：中国农业出版社，2010：131-140.

[57] 林毅夫，等. 以共享式增长促进社会和谐 [M]. 北京：中国计

划出版社，2008：202-209.

[58] 张萍，栗金亚. 资产建设理论视角下农村贫困救助政策的启示[J]. 经济与管理，2012（9）：26-28.

[59] 鲁元平，张克中. 经济增长、亲贫式支出与国民幸福——基于中国幸福数据的实证检验［J]. 经济学家，2010（11）：5-13.

[60] Heckman J，Moon S，Pinto R，et al. The Rate of Return to the High Scope Perry Preschool Program［J]. Journal Public Economic，2010，94：114-128.